한반도 주변
심리 첩보전

"SHINRI BOHO-SEN" by Hironari Noda
Copyright ⓒ Hironari Noda 2008.

All rights reserved.
Original Japanese edition published by CHIKUMASHOBO LTD.

This Korean edition is published by arrangement with CHIKUMASHOBO LTD., Tokyo in care of Tuttle-Mori Agency, Inc., Tokyo through Bookpost Agency, Seoul.

이 책의 한국어판 저작권은 북포스트 에이전시를 통하여 지쿠마쇼보와 맺은 독점계약으로 행복포럼에 있습니다.
저작권법에 의해 한국 내에서 보호를 받는 저작물이므로 무단전재와 무단복제를 금합니다.

한반도 주변
심리 첩보전

머리말 | 인지조작

수 년 전, 한 젊은 여성과 잡담하였을 때 북한이 화제가 되었다. 그 여성은 첩보는커녕 정치나 외교에 전혀 관심이 없는 사람이었다. 그런데 필자가 전직 공안조사관이라는 사실을 알고는 "공안조사관은 북한에 잠입하기도 합니까?"라고 물었다. 아마도 문득 생각해낸 질문으로, 별로 깊은 생각이 담겨 있지는 않았다고 생각한다.

필자는 약간 진지하게 대답하였다. "기본적으로 실제 정보활동은 스파이 영화와 같이 화려한 활극을 하는 것이 아닙니다. 예를 들어 북한의 헌법 개정 전후의 문언(文言)을 철저히 비교하고 변경된 내용과 그 이유를 고찰합니다. 그처럼 착실한 작업의 연속입니다." 그런데 여성의 반응은 의외였다.

"네? 북한에 헌법이란 것이 있습니까?"

북한에도 헌법은 있다. 하지만 의외로 헌법 같은 것이 있을 리 없다고 생각하는 사람들이 많을지도 모른다. 북한은 글자 그대로 '무법(無法)' 국가이기 때문일 것이다.

조선민주주의 인민공화국 사회주의 헌법의 존재를 확인하는 것은 어려운 일이 아니다. 네트워크를 검색하면 찾을 수 있다. 내용 자체는 읽으면 알 수 있다.

여기서 그 여성 얘기는 일단 접기로 하자. 그러면 우리 자신은 어떤가. 정말로 북한의 헌법에 대해 "알고 있다."고 말할 수 있는가. 왜냐하면 추측은 쉽지만 북한 헌법이 현실적으로 어떻게 운용되고 있는가는 잘 모르기 때문이다. 북한 민중이 그것에 어떤 가치를 두고, 어느 정도 존중하는지도 전혀 모른다.

필자는 취재차 한국 당국이 재판정에서 '대남 공작 지도원'이라고 지명한 재일 조선인을 면회한 적은 있다. 또 조총련 시설을 찾아간 적도 있다. 그 외에는 북한 관계자를 만난 일이 없다. 하물며 북한을 찾아간 적도 없다. 필자는 한글을 읽을 수 있고 공안조사청에서 북한, 조총련에 관한 연수를 받았기 때문에 일반인보다는 다소 전문 지식이 있을지 모르지만 그다지 큰 차이는 없다. 북한에 대해 직접 보고 들은 일은 거의 없다. 솔직히 말해서 북한 실태를 잘 모른다고 말할 수밖에 없다.

그럼에도 불구하고 북한에 관한 모종의 상(像)이라는 것을 가지고 있다. 북한에 헌법은 없다고 생각하고 있던 여성도 마찬가지일 것이다. 그런 이미지나 데이터는 도대체 무엇에서 유래하는가. 현실적으로 북한과 직접적인 접점이 없으면 그들의 정보는 간접적으로 가져온 것 외에는 있을 수 없다. 신문, 잡지, 텔레비전, 서적 등 매스미디어에 의한 것 등이다.

북한이라는 '말'에서 대다수의 사람들이 떠올리는 것은 어쩌면 '납치 사건, 핵실험, 6자회담, 마약, 위조지폐, 기아, 김정일, 기쁨조, 매스게임, 조총련…' 정도인지도 모른다. 인상이라는 것이 예외적으로 핵심을 찌르는 경우도 있다. 그러나 잘못된 것도 있다. 인상의 근거를 찾아 거슬러 올라가면 반드시 확실하다고는 말할 수 없는 요소가 있다는 것을 깨닫는다.

　예를 들면 '전 북한 공작원'인 '안명진(安明進)'이라는 인물이 있다. 한국 망명 전인 1988년부터 1991년에 걸쳐 북한에서 요코다 메구미 등 일본인 납치 피해자를 목격했다는 중대한 증언을 1997년에 하였다. 텔레비전에 출연한 일도 있기 때문에 기억하는 사람들도 많을 것이다.

　그는 2005년 7월 28일 일본 중의원 '북한 납치문제에 관한 특별위원회'에서 참고인 신분으로 북한의 김정일 정치군사대학에서 납치 피해자 하스이케 카오루씨를 목격한 내용을 진술했다. 아마 지금도 적지 않은 사람들이 안씨는 진실을 증언했다고 확신하고 있을 것이다.

　그런데 당사자인 하스이케씨 본인이 "우리(아내를 포함해서)는 김정일 정치군사대학에 있은 적은 없다. 따라서 안씨를 만난 적도 없다."라고 부정했다(같은 달 29일자 「교토통신」 기사). 하스이케씨는 완곡하게 "다소의 오해"라고 표현했으나 그것은 사실상 완전 부정이다. 한편 안씨는 당시 "하스이케씨가 북한을 두려워하지 말고 일본 국민을 위해 증언해주기 바란다."라고 말했다(같은 참고인 발언).

중의원 회의록에도 게재된 '안명진'이라는 이름은 본명이 아니다. 안씨는 2007년 7월9일 북한제 각성제 밀매 혐의로 체포돼, 같은 해 8월17일 서울지방법원에서 마약류 관리법 위반 죄로 징역 4년6월의 실형을 받았다. 안씨는 2005년 1, 2월에 각성제 75g을 밀수하여 2005년 4월부터 2007년까지 20여 차례 투약한 혐의로 기소됐다.[1] 안씨는 특별위원회에서의 증언 이전에 밀수·투약을 시작한 것이 된다.

안씨 진술의 모순, 변천, 부자연스런 점은 과거에도 몇 번 지적되었다. 북한도 안씨를 공격한다. 그 때문에 안씨 본인이 교묘하게 표현하듯이 일부에서는 '계속 거짓말하는 가짜 인물'로 간주했다(앞서 게재한 참고인 발언). 지금이라도 안씨의 발언 내용이 정말로 전부 진실인지를 과거 고발 내용과 함께 정밀하게 조사해 볼 필요가 있을 것이다. 그런데 그런 당연한 것조차 아직 입에 담기 어려운 분위기이다. 왜냐 하면 이 작업은 북한을 이롭게 하는 결과로 끝날지도 모르기 때문이다.

엄밀히 말하면 안씨가 정말로 북한 공작원이었는지, 설령 공작원이었다 해도 어떤 활동에 종사했는지 등에 대해 검증하는 것은 쉽지 않다. 한국 국방부가 1993년 9월10일, '조선노동당 중앙위원회 작전부 소속 안명진(25)'의 망명을 발표한 것 자체는 명백한 사실이다 (같은 달 11일자 「마이니치신문」 석간 기사). 하지만 한국 국방부 발표의 진실성은 어떻게 확인할 수 있을까? 가령 당시 어떤 의도가 있어서 허위를 발표한 것이었다면 어떻게 될까? 그런 개연성은 황당무계하며 고려할 가치도 없다고 생각하는 독자는 부디 이 책에서 설명하는 기만공작, 심리공작 일반의 실례를 읽어보기 바란다.

안씨에 대한 형사소추는 안씨의 증언에 크게 의존해 온 그간의 관련 활동에 찬물을 끼얹는 결과를 초래했으며 새로운 정치적 효과를 만들었다. 오해가 없도록 미리 말해 두자면 필자는 안씨에 대한 소추가 모두 허위라고 단정하는 것은 아니다. 가령 당초 한국 당국이 안씨를 모종의 선전공작에 이용하였다 해도 전혀 근거 없는 정보를 흘린다고는 생각할 수 없다. 사실은 다른 루트에서 입수한 정보의 소스를 은닉하기 위해, 안씨가 사실이라고 인정한 정보라고 발표하는 것도 생각할 수 있기 때문이다.

필자는 북한 관련 정보에는 불확실한 것들이 많다고 말하려는 것도 아니다. 북한만 그런 것이 아니다. 미국, 중국, 러시아, 기타 온갖 나라들에 관한 정보도 마찬가지다. 아니 국내 현상마저 직접 자신의 눈으로 사실 관계를 확인할 수 있는 것은 소수에 불과하다. 조금이라도 주의 깊게 돌이켜 생각하면 자신이 옳다고 생각하는 것들이 얼마나 믿을 수 없는 근거에 의존하는지, 사실은 아무것도 모르는 것인지를 통감하게 될 것이다.

우리가 아무것도 모르고 있음에도 불구하고 알고 있다고 믿는 여러 가지 사상, 그것을 월터 리프만(Walter Lippmann)은 '가짜 현실' '의사(擬似) 환경' 등으로 불렀다.[2] 자신도 전시에 군(軍)의 프로파간다(propaganda) 형성에 관여한[3] 리프만이 저술한 〈世論〉은 지금으로부터 80년 전의 작품이다. 그러나 테크놀로지의 진보에도 불구하고, 아니 오히려 진보에 의해 한층 더 환경의 의사성은 높아져 있다.

'가짜 현실'은 우연히 만들어지는 경우도 있지만 특정한 공작 주체가 특정한 목적을 실현하기 위해 의도적으로 창출하는 경우도 있다. 후자가 이른바 정보조작이며 첩보·군사 용어로는 심리공작(psychological operation) 또는 그것을 포함하는 인지조작(perception management)이다.[4]

이 책은 그 인지조작의 일단에 대해 소개한다. 우리가 무엇을 옳다고 생각하고, 왜 옳다고 생각하는가. 혹은 옳다고 믿게 하기 위해 어떤 시도를 하는가. 그런 것에 관심이 있는 독자에게 이 책을 권하고 싶다. 그리고 미리 말하자면 이 책은 독자 입장에서 보면 인지조작이라는 현상에 관한 일종의 의사 환경을 제시하는 것이다. 물론 애써 정확성을 기하고 있다. 그러나 필자가 의거하는 정보의 대부분도 의사(擬似) 환경 속에 존재하는 것이며, 또 첩보를 테마로 하는 이상 많든 적든 그렇게 되지 않을 수 없는 것이다. 독자 스스로 인지조작에 대해 생각하고 의사 환경을 음미하는 데 이 책이 조금이나마 도움이 되기를 바라마지 않는다.

목차

머리말 인지조작 5

제1장 심리공작과 기만공작 ••• 15

파라다이스 아일랜드 / 성검 전설 / 민족 감정 이용 / '메시지는 항상 진실이다' 라는 허위 / 가짜 이슬람교 지도자 / 두 개의 후르시초프 연설문 / 누설 효과 / 3색의 프로파간다 / 민스미트 작전 / 은폐와 기만 / 용어·개념의 정리 / 은밀한 액션으로서의 프로파간다 / 중국의 심리전 개념 / 인지조작 / 인지조작의 실행 주체

제2장 인지조작 ••• 61

스토리의 개념 / 스토리에 의한 인지조작 / 인지조작의 사례 / 심리적인 기술 / CIA의 인지이론 / CIA의 기만공작 연구 프로그램 / 정보 분석에 의한 인지조작 / 원 프레이즈 분석에 잠재해 있는 인지조작 / 가장 성공한 첩보공작 / 인지조작을 생각하는 어려움 / 인지조작의 효과 / 인지조작의 순서

제3장 중국·한국 ••• 99

중국의 심리전 현대화 / 중국의 인지조작 / EP-3 충돌사건을 통해 본 중국의 인지조작 원칙 적용 / 남·북한에서 본 이라크 전쟁 / 대남 심리전략·전술 / 북한에서 본 미국 심리전 / 위안부 결의 문제 / 세계항일전쟁사 보전연

합회의 활동 / 헌금액의 비율 / 납치 문제를 둘러싼 북한의 인지조작 / 한국 내에서의 영향 / 미국 미디어에 대한 파급 / 인지조작의 기폭점 / 일본 정부의 대응 / 슈퍼노트 CIA 위조설의 불가사의

제4장 러시아 • • • 151

문서 위조 공격 / 오퍼레이션 글라디오 / 위조문서의 판정 / 영향 요원 / 레프첸코 증언 / 미트로힌 문서에서 본 정계 공작 / 전국지 내의 영향 요원 / 산케이 신문의 반론 기사 / 해명 · 입건의 어려움 / 인지조작으로 거액의 이익 / '과학적'인 프로파간다 / SARS 생물무기설

제5장 모략과 모략론 • • • 191

모략과 모략론 / 그래도 남는 모략론의 문제 / DARPA의 엠블럼 / 10년 후의 인민군 배지 / 무기로서의 모략론 / 서브리미널 퍼셉션 / 세뇌 / 사이코바이러스 / 「라스트 사무라이」라는 프로파간다 / 테크놀로지가 개선하는 현실 / 일상의 인지조작

제6장 대항수단 • • • 235

미 국무성이 역설하는 그릇된 정보 분별법 / 프로파간다 분석의 SCAME / 프로파간다 대처 방법 / 기만공작의 해명 / 공성계의 교훈 / 정보 제공자 확인 / 기만공작 대처 이론 / 기만공작 대처시 함정 / 인지적 불협화 이론

후 기 인지조작에서의 해방? 276

제1장

심리공작과 기만공작

파라다이스 아일랜드 / 성검 전설 / 민족 감정 이용 / '메시지는 항상 진실이다'라는 허위 / 가짜 이슬람교 지도자 / 두 개의 후르시초프 연설문 / 누설 효과 / 3색의 프로파간다/민스미트 작전 / 민스미트 작전 / 용어·개념의 정리 / 은밀한 액션으로서의 프로파간다 / 중국의 심리전 개념 / 인지조작 / 인지조작의 실행 주체

파라다이스 아일랜드

잠시 시간을 거슬러 올라가자. 1954년 프랑스군이 베트남민주공화국(북베트남)에 대패함으로써 제네바 휴전협정이 체결되었다. 이것은 프랑스군의 인도차이나 철수와 1956년의 남·북베트남 통일선거 등을 규정한 것이다. 그런데 북위 17도 이남에서는 미국이 지지하는 고 딘 디엠(Ngo Dinh Diem)이 1955년 베트남공화국(남베트남)을 건국해 이듬해 대통령에 취임했다.

1960년 고 정권 타도를 주창하는 남베트남해방민족전선이 결성돼 농촌에서 무장 게릴라 활동을 전개했다. 그러자 미국은 이것을 북베트남의 침략으로 간주하여 군사 개입을 결의했다. 이듬해 군사 고문단의 파견에 적극적으로 나섰다.

미국 중앙정보국(CIA)은 대(對)북베트남 비공식 공작을 전개했지만 1962년 후반까지 그것들은 실패로 끝나고 있었다. 그러나 존 F.

케네디 대통령은 마치 북이 남에 대해 해방전선을 이용하는 것과 마찬가지로 미국도 북을 교란해야 한다고 계속 주장했다(주1의 128쪽)*.

당시 사이공의 CIA 베트남 지국장은 후에 CIA국장(1973~1976년)이 된 윌리엄 콜비(William Colby)였다. 1962년 귀국해 CIA의 기획부 극동과장에 취임한 콜비는 사태를 타개하기 위해 심리전(PSYWAR = Psychological Warfare) 강화를 결심했다. 공산주의 정권은 모든 경찰국가와 마찬가지로 본질적으로 편집광이라는 것이 그의 신조였다. 그는 심리전에 의해 끊임없이 하노이 정권을 불안에 빠뜨리면 기능 정지로 몰아넣을 수 있다고 생각한 것이다(같은 주 129쪽).

CIA 베트남 지국이 본격적으로 비공식 심리전 계획에 착수한 것은 1963년 3월 이후다. 당시 북베트남에 대한 대규모 심리전은 제로에서부터 출발하는 것과 다름없었다. 그렇게 개시된 작전은 북에 대한 모략 방송, 선전 전단, 물자 투하 등 여러 가지 심리전 수법을 도입했다. 특히 기발한 것이 SSPL 계획이다. 이것은 '성검(聖劍)애국동맹'(SSPL=the Sacred Sword of the Patriots League)이라고 일컬어지는 가공(架空)의 반

* 이하 각 주는 권말 '본문 주석 및 참고문헌' 참조

정부 조직이 마치 북베트남 안에서 실제로 활동하는 것처럼 연출하는 작전이었다(같은 주 130쪽).

북위 17도의 남쪽, 남베트남의 해안 연변에 '파라다이스 아일랜드'라 불리는 섬(Cu Lao Cham 섬)이 존재한다. 남베트남에 주둔하는 미군 군사지원사령부 베트남 연구관찰그룹(MACVSOG= Military Assistance Command Vietnam's Studies and Observation Group)은 CIA의 계획에 따라 북베트남 연안 촌락을 그대로 파라다이스 섬에 건설하였다. SSPL이 지배하는 북베트남 내륙의 해방구를 위장 연출하기 위해서다. 베트남 연구관찰그룹(SOG)은 SSPL을 자칭하면서 북베트남 주민을 납치, 파라다이스 섬으로 연행하여 교묘한 반공 교육을 시켰다.

약 3주 후 납치 주민들에게 SSPL 요원과의 연락 방법을 알려준 뒤 그들을 은밀히 북베트남으로 송환했다. 이것은 북베트남 방첩당국이 그들을 심문할 것을 예측한 조치다. 다시 말해서 가공(架空) 저항 조직의 '실재성'을 연출하기 위해 납치 주민들이 '해방구'에서 견문을 넓히도록 한 것이다. 개중에는 실제로 SSPL, 요컨대 미국의 협력자로 활동한 자도 있었다(같은 주 144~147쪽).

이렇게 북베트남 정부는 존재하지 않은 레지스탕스의 소탕에 광분해 에너지를 소비하면서 의심에 빠져(아무것도 아닌 것에도 두려움과 의심을 갖게 됨) 머지않아 자멸하도록 만든다는 것이 미국이 계획한 심리전의 목적이었다.

성검 전설

위장 조직을 설립하려면 우선 신뢰하기에 충분한 스토리를 만들어야 한다. 그것은 선전의 대상 즉, 북베트남 주민에게 문화적, 종교적으로 수용되는 것이어야 한다. CIA가 착안한 것이 베트남의 성검(聖劍) 전설이다(같은 주 139쪽).

베트남의 진조(陳王朝, 1225~1400년)는 3차에 걸친 몽골군의 내습을 격퇴하였지만 후에 국내 혼란으로 인해 멸망했다. 그러자 명(明)의 영락제는 진조 부흥을 구실로 군대를 파견하여 베트남을 지배하였다. 명의 지배는 몹시 가혹했고 이로 인해 독립운동이 생겼다. 그것을 인솔한 사람이 베트남 중부 타인호아(Thanh Hoa) 출신 호족 레 러이(Le Loi)였다.

10년에 걸친 반명(反明)투쟁은 그 자체가 복잡하고 매력적인 스토리다. 정통성과 농민의 지지를 확보하기 위해 레 러이는 심리공작을 실행했다. 그는 동물의 기름을 묻힌 철필(鐵筆)로 숲의 나뭇잎에 '레 러이는 왕이다'는 글자를 썼다. 개미가 기름이 묻은 잎 부분만을 갉아먹자 글자가 나타났다. 민중은 이것을 예언이라고 생각하였으며 수천 명의 농민이 레 러이 휘하에 모여들었다. 그는 '평정왕(平定王)'이라고 자칭하고 대명(對明) 독립투쟁을 지휘했다.

명은 강대했기 때문에 레 러이는 산 속에 잠복하여 게릴라전을 전개했다. 결국 그는 명군을 격파하고 1428년 하노이에서 즉위하여 여조(黎王朝, 1428~1527, 1532~1789년)를 열었다. 국호를 대월국(大越國)이라고 했다. 그는 베트남 국토 통일과 독립의 영웅이다. 그 사실과 함께 간과할 수 없는 것이 레 러이를 둘러싼 신화다. 이것은 그가 해방전쟁 때에 사용했다고 하는 마법의 검에 관한 것이다.

전설에 의하면 명을 쓰러뜨리고 왕에 즉위한 여태조(레 러이)는 하노이에 집을 지었다. 어느 날 하노이에 있는 룩투이(Luc Thuy, 녹색의 물) 호수에 배를 띄워 유람하고 있을 때 큰 거북이 나타났다. 왕이 몸을 보호하기 위해 검을 뽑자, 거북은 재빨리 그 검을 빼앗아 입에 문 채로 호수 깊이 모습을 감추었다. 여태조는 몹시 놀라 호수의 물을 빼서 바닥의 지저분한 것을 깨끗이 제거하도록 명했지만 헛수고로 끝났다. 검도 거북도 찾을 수 없었던 것이다.

그때 태조는 명과의 싸움이 천명(天命)이었다는 것을 깨달았다고 한다. 하늘이 명을 토벌하기 위한 검을 그에게 주었으며, 일이 성사되자 그 검을 그의 손에서 빼앗아갔다는 것이다. 검은 장차 그것이

다시 필요하게 될 때까지 나타나지 않는다고 한다.

  이 검을 찬양하여 왕은 호수의 이름을 호안끼엠(Ho Hoan Kiem)호라고 고쳤다. 북베트남 어린이 치고 레 러이의 성검 전설과 명 타도의 스토리를 모르는 사람은 없다. 실제로 베트남 공산(노동)당은 레 러이의 유지를 유일하게 이어받은 정치 지도자가 호치민이라고 설정해 놓고 있다.[2]

민족 감정 이용

물론 이것은 단순한 전승된 얘기에 불과하다. 그러나 CIA의 심리전 담당자는 심리전을 전개하는 데에 알맞은 소재라고 보고 주목한 것이다. 가공 조직 SSPL의 '성검'이라는 명칭은 말할 것도 없이 환검호(호수)에 가라앉았다고 하는 검에서 기인했다.

민족해방조직 SSPL은 누구를 위해서 왜 싸우는가? 그 지도자는 레 러이처럼 베트남의 애국자이어야 했다. 그래서 지도자는 프랑스의 식민지배에 저항한 베토민(Betomin)의 전 구성원으로, 1953년 참담한 토지개혁 이후 북베트남의 공산주의 지배에 환멸을 느낀 사람이라는 설정이 만들어졌다.

실제로 1956년 여름까지 토지개혁 때문에 북베트남의 몇몇 지역에서는 공공연히 반란이 일어나고 있었다. CIA는 이런 사실을 이용해 SSPL이 하노이 정권의 억압에 저항하는 과정에서 형성되었다는 허구를 고안해 낸 것이다. 현실적으로 하노이 정권은 반란을 신속히 진압하고 사태를 수습했다. 그래서 CIA는 SSPL이 레 러이와 마찬가지로 지하에 잠복해 비공식적으로 활동을 전개한다는 스토리를 썼다. SSPL의 근거지나 지도자의 이름도 레 러이와 연관 짓기로 했다(주1의 141쪽). SSPL은 정치 부문과 군사 부문으로 이루어져 있으며, 1965년 당시 1만 명의 구성원과 1,600명의 정규군이 존재한다는 등 세부사항도 준비했다.

SSPL은 어떤 정치 목표를 내세웠는가? 그것은 모든 외국 군대, 고문단, 영향력을 남·북 베트남에서 일소한다는 것이었다. 특히 베트남 공산당 지도자는 중국의 지배하에 있다는 주장을 내세웠다.

논리상으로는 외국 세력에 미국도 포함될 수가 있었다. 그런데 SSPL이 강조한 것은 중국이었다. SSPL은 '중국은 북베트남을 미국과의 대리전쟁에 이용하고 있다. 한국전쟁의 반성에서 미국과 직접 대결하는 것은 희생이 크다고 생각했기 때문이다. 하노이 정권은 그렇다는 것을 알면서 베트남을 무익한 전쟁으로 끌어들이고 있다'고 호소했다. 중국과 북베트남을 분리하는 것이 그 목적이었다(같은 주 142쪽).

1965년 4월에는 라디오 방송 '성검 애국동맹의 소리'(VOSSPL=Voice of the Sacred Sword of the Patriots League)가 설립되었다(레 러이의 거점이었던 하틴성에 위치하고 있다고 설정). 미군은 프로파간다 전단을 작성하여 북베트남에 투하했다. 북위 19도 이남의 북베트남 지역에 SSPL의 해방구가 존재한다고 떠들썩하게 퍼뜨렸다(같은 주 142~144쪽).

'메시지는 항상 진실이다' 라는 허위

    심리공작(PSYOP=Psychological Operations)은 냉전시대의 유물이 아니다. 그것은 전시, 평시를 불문하고 현재도 전개되고 있다. 심리공작으로 선전되는 메시지를 프로파간다라고 한다. 프로파간다는 옛날부터 존재하는 정치상의 기술이며, 특정한 정치적 결과를 상상하면서 창출된 정보를 확산하는 기술이다. 프로파간다는 우호적인 개인이나 집단이 자신을 지원하게 하거나 적에게 손상을 입히기 위해 이용한다. 정치 불안이나 경제위기, 개인에 대한 직접적인 공격 등 허위의 소문을 만드는 데 이용되는 경우도 있다(주3의 162쪽).

    그런데 나치스 독일의 대중 선전을 연상시키기 때문인지, 특히 미국에서는 프로파간다라는 말에 대한 혐오감이 뿌리 깊다. 그 때문에 미군의 심리공작은 프로파간다와는 달리 진실 유포를 주된 목적으로 한다는 주장이 미군 관련 논문에서 재삼 강조되고 있다. 예를 들면 한 전직 공군 대령은 다음과 같이 주장했다.

〈군사상의 PSYOP은 어떤 활동을 수반하는가. 오랜 기간에 걸쳐 국민은 정확히 이해하지 못하고 있다. 뉴스 매체는 심리전(PSYWAR)으로서의 PSYOP을 거론하며, 그 같은 활동에는 극악무도한 목적이 있다고 한다. 미디어는 항상 PSYOP에는 의도적인 가짜 정보나 국민에 대한 거짓이 내포되어 있다고 지적한다. 지금이야말로 잘못된 인식을 고쳐야 할 때다. 미국은 국익 추구를 위해 국민에게 가짜 정보를 흘리지 않는다. 그 점을 국민은 이해해야 한다. (중략) 평시에 미군은 심리공작에서 그릇된 정보(misinformation)의 유포나 소련의 기만공작(disinformation) 같은 것을 하지 않는다. 모든 활동에서 진실이 우리들의 가이드라인이다.〉(주4의 17, 18쪽)

다른 논자(論者)도 마찬가지로 '미국 정부는 국민에 대한 기만공작 등에는 관여하지 않는다'고 말한다(같은 주 53쪽).

그렇지만 PSYOP로 유포되는 메시지는 항상 진실이라고 하는 메시지는 그 자체가 바로 PSYOP라고 말하지 않을 수 없다.

가능한 한 진실의 비중이 큰 PSYOP 쪽이 선전 효과가 높다는 것은 사실이다. 그러나 항상 진실이 유포된다는 보장은 없다. 대체로 '자신이 흘리는 정보에는 의도적인 허위가 내포되는 경우도 있다'고 말하고 선전하는 사람이 있을 리 없다. '허위'는 항상 어디까지나 '진실'이라는 이름으로 유포되는 것이다.

2004년 10월14일 이라크에 주둔한 미 해병대의 대변인은 CNN과의 인터뷰에서 '군은 출발 라인을 넘었다(대규모 작전 개시를 의미하는 군사상의 관용 표현)' '여기서부터 긴 밤이 된다' 등으로 코멘트했다. 이것을 받아서 CNN은 팔루자(Fallujah)를 탈환하기 위해 오랫동안 바라던 공격이 시작되었다고 보도했다. 그런데 실제로 공격이 개시된 것은 그로부터 3주 후였다(같은 해 12월1일자 「로스앤젤레스 타임스」 기사).

그것은 사실은 CNN 보도에 무장 세력이 어떻게 반응하는가를 감시하려는 미군의 노림수였다. 무장 세력이 보도를 받아서 어떤 움직임을 취하면 그 분포, 이동 상황, 활동 거점, 교신 빈도, 내용, 연락 계통 등 귀중한 첩보를 입수할 가능성이 있었던 것이다.

앞의 인용문에서 미군이 기만공작에 관여하지 않는다고 주장하는 것은 어디까지나 평시의 일에 불과하다. 거꾸로 말하면 전시에는 당연히 가짜 정보가 유포된다. 따라서 전시에는 가짜 정보를 흘리는 회로로서 보도기관을 이용하는 경우도 당연히 생각할 수 있다.

이 케이스에서 분명한 것은 미국의 홍보와 PSYOP의 경계는 애매하며 실제로는 밀접하게 연동돼 있다는 것이다. 외국의 대상에게 직접 메시지를 전달하는 것이 아니라 자국 미디어를 이용한다. 다시 말해서 보도를 진실로 받아들인 미국 국민들까지도 결과적으로는 PSYOP에 속은 것이다. 이것은 자국민에 대해서는 가짜 정보를 흘리지 않는다는 미군의 원칙에 반한다(자국민에게는 가짜 정보를 흘리지 않는다는 것은 다른 나라 국민에게는 흘리는 경우도 있다는 의미이기도 하다).

아마도 해병대의 대변인은 그런 비판을 내다보고 언뜻 보기에 대담한 인상을 주지만 주의 깊게 고려한 완곡한 표현을 사용했을 것이다. 코멘트를 어떻게 해설하고 어떻게 보도할 것인가는 CNN의 책임이며 미군이 알 바 없는 이야기라는 것이다.

가짜 이슬람교 지도자

첩보 사정에 정통한 저널리스트 로널드 케세라(주6의 15쪽)는 'CIA는 설립 초부터 광범위한 비공식 프로파간다(흑색선전)를 전개해 왔다' 고 지적했다(주7의 275 쪽).

예를 들면 CIA는 1948년 이탈리아 국회의원 선거에서 반공(反共) 후보에게 350만 달러의 자금을 제공한 것 외에 선거 전단, 포스터를 배포하며 지원했다.[8] 물론 소련도 그 이상의 자금을 투입하여 공산당 후보를 지원했다. 냉전 시대에 CIA는 소련 국내에서 책자를 배포하거나 반미적인 색깔의 국가에서 친미적인 기사가 미디어에 게재되도록 공작했다.

베트남 전쟁 시기에 CIA는 저널리스트를 매수하여 소련이나 북베트남의 인상을 더럽히고 미국에 기여하는 기사를 집필하게 했다. 그 때 기사 내용은 반드시 허위일 필요는 없었다. 왜냐 하면 실제로 소련은 나쁜 짓을 하고 있었으며 프로파간다에 있어서는 진실 쪽이 허위보다 유효하기 때문이다.

9·11사건 후 미국은 공공연히 「보이스 오브 아메리카」와 「라디오 사와」(sawa는 아랍어로 '함께' 라는 뜻)에 자금을 제공했다(주7의 275쪽).

과거 CIA 직원 11명이 저널리스트로 신분을 위장하였으며, 미국의 15개 매체가 그들에게 협력했다는 것을 1977년 미국 상원 처치(Frank Church)위원회가 폭로했다. 그 후, CIA는 미국 미디어에서 일하는 저널리스트를 협력자로 만들어 운영하는 것을 원칙적으로 금지하는 규칙을 채택했다. 이 규칙은 동시에 미국인 목사나 자원봉사자 조직 '평화봉사단' (Peace Corps)의 직원을 협력자로 하는 것도 원칙적으로 금지한다.

바꿔 말해서 외국인 저널리스트나 외국인 성직자는 공작 대상이 될 수 있다는 것이다. CIA는 이슬람 학자나 이슬람계 저널리스트, 나아가 무라(이슬람교 지도자)를 매수하여 보다 온건한 메시지를 발표하게 하거나 테러와의 싸움에서 미국을 지원하도록 했다. 이슬람에서는 누구나 종교 지도자를 자칭할 수 있다. 그래서 CIA는 기존 무라를 협력자로 하는 것 외에 가짜 무라도 만들어, 미국에 유리한 메시지를 생산토록 하였다. 그들 가짜 무라의 발언은 코란의 가르침과 모순된 것은 아니었다. 성서와 마찬가지로 코란도 해석이 다양한 경전이기 때문이다.

CIA가 이슬람교 지도자를 이용하는 것은 이것이 처음이 아니다.

1979년의 테헤란 주재 미국대사관 인질 사건 때에도 CIA는 무라를 매수해, 인질을 잡는 것은 이슬람교에 반한다는 파트와(fatwa : 종교령)를 내게 했다고 한다(같은 주 276쪽).

두 개의 후르시초프 연설문

　대상의 심리에 영향을 주고 조작을 시도하기 위해서는 대상에게 특정한 정보를 주입해야 한다. 정보를 광범위하게 전달하는 기능을 갖는 것은 매스미디어다. 따라서 매스미디어는 빈번히 심리공작에 이용된다. 그 점에서 주목되는 것이 후르시초프 연설문에 관한 보도다. 우선 배경을 설명하자.

　1953년 스탈린 사후, 소련은 공산당 제1서기 후르시초프를 중심으로 집단지도체제를 갖추고 외교정책의 전환을 도모했다. 1956년 2월의 소련 공산당 제20차 대회에서 후르시초프는 스탈린 지배하의 개인 숭배와 불법적 억압, 숙청을 비판하는 비밀 보고를 했다. 이른바 스탈린 비판이다.

　CIA는 이 연설문을 어떻게 입수하고 어떻게 활용했는가? 영국 방송국「채널4」의 프로듀서였던 존 라넬라(John Ranelagh)는 관련 문헌을 인용해 자신의 저서[6]에서 대략 다음과 같이 지적했다.

  비밀 회의에서 후르시초프 연설문은 광범위하게는 배포되지 않았다. 카피도 KGB의 관리 하에 놓여 있었다. 실제 연설문의 입수는 미국 국무성 및 CIA의 최대 목표가 되었다. 연설문의 단편이 같은 해 3월에 나타나기 시작했다. 알렌 덜레스(Allen Dulles) CIA국장은 완전한 원본 입수가 부득이 필요하게 되었다(주9의 285쪽).

  CIA는 결국 두 개의 루트를 통해 연설문을 입수했다. 하나는 동구(폴란드로 간주되고 있다)의 공산당 루트로, 동쪽(소련 및 소련을 동조하는 여러 나라) 공산당 지도자들에게 배부된 축소판 카피였다. 입수 시기는 연설 2개월 후인 4월이었다. 한편 제임스 앵글턴(James Angleton, 이 책 199쪽 참조)은 이스라엘 정보기관과의 개인적 유대를 이용하여 러시아 국내발(發) 완전판을 입수하였다. 이것은 유대인인 소련 공산당원이 이스라엘에 보고한 것으로 간주되었다. 텍스트를 확인한 것은 당시 CIA의 '현재 동향 정보실'(the Office of Current Intelligence)에서 근무하던 레이 클라인(1962~66년, CIA부국장)이었다(주9의 286쪽).

  다음에 문제가 된 것은 이 연설문을 어떻게 이용할 것인가 하는 문제였다. 이에 대한 격렬한 논의가 미국 내에서 있었다. 레이 클라인은 이것을 일반인에게 완전히 공개해야 한다고 주장했다. 그렇게 하는 것이 소련에 대해 관심을 갖는 학자·학생에게 스탈리니스트(Stalinist)가 지배하는 러시아의 현실에 대해 귀중한 통찰을 제공할 수 있고, CIA가 소련 독재체제에 대해 장기간에 걸쳐 지적한 것을 뒷받침할 수 있다고 생각했기 때문이다. 한편 앵글턴 등은 연설문의 일부만을 발췌해, 이것을 이용하여 특정한 수취인에게 특정한 반응을 일으키게 하는 작전을 제안하였다.

실은 이 논의의 배경에는 당시 CIA가 추진하던 '빨간 양말, 빨간 모자(Red Sox/Red Cap)'라고 불리는 은밀한 액션(covert action, 비공식 공작) 계획이 있었다. 이것은 서독 뮌헨 교외에 있던 CIA 연수시설의 명칭이었다. 이 계획은 동유럽 여러 나라들로부터 이주해 온 난민들에게 준(準)군사훈련을 실시하여 이들이 동유럽 여러 나라들에서 활동하게 한다는 것이었다. 그런데 1956년 4월경에는 아직 그 준비가 제대로 이루어지지 않았다. 앵글턴 등은 연설문을 늦게 발표함으로써 이 작전을 지원하려고 했다. 연설문을 발표하면 동구에 정치 불안을 야기할 수 있으며, 이 작전을 시행함에 있어서 그 기회를 이용할 수 있다고 생각한 것이다.

결국 판단은 같은 해 6월2일까지로 미뤄졌다. 마침내 CIA는 덜레스 국장의 결단으로 연설문을 국무성을 통해서 「뉴욕 타임스」에 의도적으로 누설했다. 「뉴욕 타임스」는 같은 달 4일에 연설문에 관한 기사를 게재했다(같은 주 287, 288쪽).

이와 관련하여 주9는 CIA 사이트에도 올라 있으며 '영국인 저자에 의한 포괄적이고 잘 조사된 CIA사' 라는 식으로 기재되어 있다.[10]

의도적인 누설 효과

레이 클라인은 「뉴욕 타임스」가 제공받은 연설문 전문(the whole text)을 게재했다고 기록했다.[11] 그런데 1977년 12월 25일부터 27일에 게재된 이 신문의 일련의 특집기사[12]는 CIA의 미디어 이용 프로파간다 공작에 대해 상술하면서, 1956년 당시 CIA가 이 신문에 의도적으로 누설한 연설문은 동유럽용으로 배부된 축소판이라고 주장했다. 장래의 소련 외교정책에 관한 34개의 패러그래프(paragraph)가 삭제되어 있었다는 것이다. 삭제분을 포함한 '완전판'은 CIA가 외국지에 제공했으며, 게다가 추가 부분은 CIA의 전문가가 위조한 것이라 했다.

'완전판'을 국외로 흘린 것은 정보의 출처가 미국 첩보기관이라는 것을 애매하게 만들면서 미국 국민이 잘못된 방향으로 리드 당하는 것을 방지하기 위해서였다는 지적도 있었다(주13의 211쪽). 결국 소련은 연설문의 진정성을 부정하지 않았다(주9의 287쪽 주석).

일반론적으로 말하면 이런 비밀문서의 발표에는 항상 어떤 조작이 가해질 가능성이 있다. 당해 문서가 비밀인 이상 당사자 이외에는 그 진정성을 판단할 수 없기 때문이다. 특히 문서의 개찬이 일부에 그치는 경우에는 관계자도 해당 부분을 가볍게 부정할 수 없다. 왜냐 하면 부정하려면 뭔가에 비추어 잘못되었음을 지적해야 하고, 그렇게 하려면 진실을 분명히 나타내야 하기 때문이다. 또 부분적인 부정은 그 나머지 부분을 추인한 듯한 인상을 주기도 한다. 진실이든 허위든 반론을 통해 프로파간다는 본래의 의미대로 한층 더 '확산' 된다.

공작을 방어하는 입장에서 보면, 오히려 개찬한 쪽이 편리하다고도 말할 수 있다. 문서를 감추는 정도가 높다는 것은 그 문서에 접근할 수 있는 사람이 극소수에 한정된다는 것을 의미한다. 있는 그대로 문서를 발표하면 정보원(源)을 간단히 지정할 수도 있을 것이다.

비밀문서를 입수한 정보기관이 자신의 명의로 개찬하거나 날조 문서를 발표하는 일은 있을 수 없다. 훗날 진실이 밝혀질 경우에 책임을 회피하여 신용성을 확보해야 하기 때문이다. 그것도 외부에 비밀을 의도적으로 누설하는 한 가지 이유다.

결과적으로 후르시초프 연설문의 발표는 동유럽을 중심으로 큰 동요를 초래했다. 망명이 유발되고, 공산당 간부의 사기는 저하되었다. 서방측에 대한 협력 자세도 향상되었기 때문에 이후 CIA의 정보활동 자체에도 유리하게 작용했다고 한다.[14]

3색의 프로파간다

앞의 스탈린 비판 연설문 발표는 그 내용의 진실성 여부에 관계없이 프로파간다에 해당되며 심리공작으로 작용한다. 주목해야 할 것은 정보가 미국 국무성 또는 CIA의 공표가 아니라 「뉴욕 타임스」와 기타 미디어의 보도라는 형태를 취한 점이다.

일반적으로 프로파간다는 대상이 되는 수취인이 그 발신처를 파악하는 정도에 따라서 흑, 백, 회색 등 3유형으로 분류된다(주15의 18쪽).

누가 보내는지 명시해서 유포하는 프로파간다를 화이트 프로파간다(백색선전)라고 한다. 발신처의 신용, 신뢰를 유지하기 위해 프로파간다에는 진실성, 정확성이 요구된다. 예를 들면 일본 내각의 납치 문제 대책본부가 북한을 대상으로 하는 홍보용 단파 라디오 프로그램[16]은 개념상 화이트 프로파간다에 해당된다.

하긴 진실이라 해도 어디까지나 부분적인 진실에 불과한 경우도 있다. 예를 들면 아래 영역A 도표에서 점은 정사각형의 왼쪽 아래에 집중돼 있다. '영역A 내에는 복수의 점이 존재한다'는 명제 자체는 진실이다. 그런데 왼쪽 아래 부분만을 강조하면서도 언외(言外)로 흡사 그것이 영역A 내에서 고르게 퍼져 있는 것처럼 오인하게 한다면, 그것은 부분적으로는 옳아도 전체적으로 보면 성실성이 결여된 부정확한 정보다. 이것을 왜곡(distortion)이라고 한다. 백색선전이라도 교묘한 (언질을 취하지 않는) 왜곡이 섞여 들어가는 것은 있을 수 있다.

이에 비해 발신처를 은폐·위장하여 유포하는 프로파간다를 블랙 프로파간다(흑색선전)라고 한다. 발신처를 은폐·위장해야 하는 것은 흘리고 있는 정보와 흘리는 사람을 결부시키면 사정이 나빠지기 때문이다. 예를 들면 1979년에 발생한 테헤란 주재 미국대사관 인질사건에서 소련은 겉으로는 이란을 비난했다. 그런데 라디오 「내셔널 보이스 오브 이란」에서는 넌지시 점거 행위를 추인하고 이란 내의 반미 감정을 선동하려고 했다(주13의 85쪽).

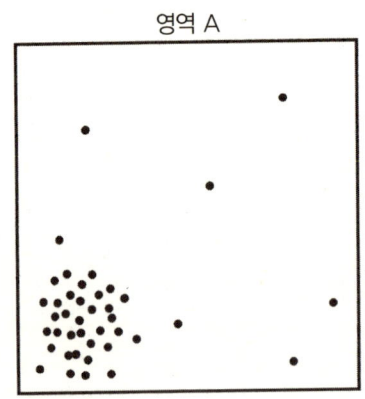

영역 A

흑색선전은 그 성격상 정보가 날조되어 있을 가능성이 크다. 그러나 모든 정보를 허위라고는 할 수 없다. 흑색선전도 허위를 진실인 것처럼 보여주기 위해서는 될 수 있는 한 진실이 내포된 정도를 높이는 것이 바람직하다. 정보기관이 출처를 감추고 외국지에 정보를 흘려서 기사를 게재하게 하는 것 등도 흑색선전에 해당된다(주15의 18쪽. 단, 미디어의 이용을 회색선전으로 분류할 수도 있다).

앞서 말한 사례도 CIA가 외국지에 (부분적으로 날조한) 연설문을 의도적으로 누설했다면 흑색선전이 된다. 정부·정보기관과 공식적인 관계가 없는 저자나 출판사에 의한 책 출판도 마찬가지다(주13의 85쪽). 저널리스트 등에 의한 서적 집필을 원조하는 것도 모든 정보기관이 이용하는 표준화된 수법이다. 저자는 자신의 실적을 올리는 것이 되고 정보기관은 프로파간다를 확산시킬 수 있다(주17의 181, 182쪽). 주12에 의하면 1950년대 초부터 1977년에 걸쳐 CIA가 자금을 원조했거나 제작한 영어 서적은 250권이 넘는다고 한다. 그레이 프로파간다(회색선전)는 화이트와 블랙의 중간적인 선전 형태. 프로파간다의 발신처가 명시되는 것도 아니고, 그렇다고 해서 충분히 은폐되어 있는 것도 아니다. 국가 주체가 관련된 국제조직(이른바 프런트 조직) 등을 통해 흘리는 프로파간다는 회색선전에 해당된다(주15의 18쪽). 정보의 진실성 측면에서 보면 진실과 허위가 반반씩이고 과장이 내포될 수 있다.[18]

어떤 형태의 프로파간다이든 대상을 자기에게 유리한 방향으로 유도하는 것을 목적으로 한다는 점에는 변함이 없다.

민스미트 작전

앞서 본 바와 같이 심리공작에는 어떤 기만을 수반하는 경우가 많다. 심리공작(특히 흑색 선전)과 기만공작은 표리일체(表裏一體)라고도 말할 수 있다. 미국에서 개념상 이것들을 구별한 예가 있어 주목을 끈다.

현대의 첩보사상 가장 성공적이었다고 하는 기만공작의 하나가 유명한 민스미트 작전(Operation Mincemeat)이다.

1943년 연합국 군대가 북아프리카에서 독일을 몰아낸 후 계속 남부 유럽으로 진군할 것이라는 사실은 누가 보더라도 분명했다. 문제는 그 정확한 장소였다. 시칠리아 섬은 분명히 하나의 교두보이며 실제 연합국 군대의 목적지였다. 그 때문에 독일 및 이탈리아를 기만하여 연합국 군대가 시칠리아 섬을 우회하는 듯한 인상을 줄 필요가 있었다.

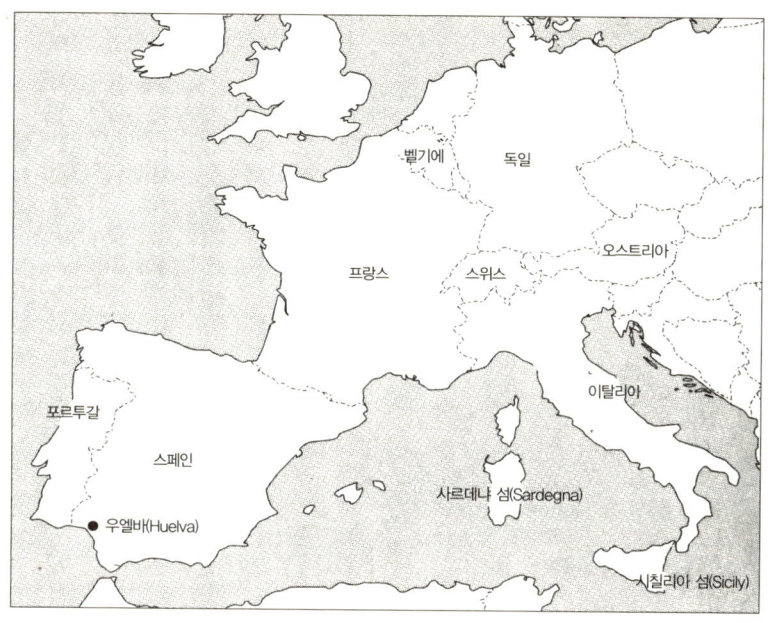

 그러나 아무런 공격도 하지 않을 것이라거나 혹은 스페인을 통과한다고 독일에게 믿게 하는 것은 고려의 대상이 되지 않았다. 왜냐하면 그런 위장은 진실미가 결여되어 있기 때문이었다. 적에게 흘리는 기만정보는 어떤 의미에서는 적이 검토할 가능성의 범위 안에 들어 있어야 한다. 아무리 그럴싸한 정보를 흘려도 그런 것은 '있을 수 없다'고 판단하면 처음부터 가능성이 배제되어 버린다.

 신속하고 효과적으로 설득력 있는 기만정보를 직접, 적의 사령부에 흘리는 것은 우연을 가장하는 것이 가장 좋은 방법이다. 다만 조리에 맞는 이야기여서 적으로서는 뜻하지 않은 행운이라고 믿게 할 필요가 있다.

1943년 시칠리아 섬 침공 전에 영국이 그와 같은 '우연'을 교묘하게 생각해 냈다. 그 해 5월 초순, 영국군 소령의 시체가 스페인 남서쪽 우엘바(Huelva)와 가까운 해안에서 발견되었다. 연락용 서류가방이 시체의 손목에 묶여져 있었다. 가방 안에는 영(英)제국 막료로부터 튀니지 주재 장군 앞으로 보내는 통신문의 카피가 들어 있었다. 문서는 분명히 연합국 군대의 남부 유럽 침공 계획이 사르데냐(Sardegna) 섬과 그리스를 경유할 것임을 보여주고 있었다.

중요 문서를 운반하는 담당관이 탄 비행기가 추락해 시체가 스페인 앞바다에 표류한 것처럼 영국이 꾸민 것이다. 독일 당국이 착각하게 만드는 속임수였다. 실제로는 시체의 신원은 가장 가까운 곳에서 사망한 민간인이며 목적지까지 잠수함으로 운반되었다(주19의 142, 143쪽).

스페인, 독일 양국 간의 협력 관계를 감안할 때, 익사체와 문서가 영국 영사관이 아니라 일단 독일 당국에 인도될 것이라는 것도 사전에 계산한 것이었다. 작전에 즈음하여 사인(死因)의 은폐, 시체의 유기 장소, 발견 예정 시기 등은 물론이고 위조·기밀문서의 박진성에 대해서도 신중한 검토가 행해졌다. 문서를 개봉한 독일 당국이 그 내용을 믿게 만들기 위해 머리를 충분히 짜낼 필요가 있었기 때문이다.[20]

이와 같이 영국은 교묘하게 독일 측에 가짜 정보를 흘린 것이다.

결국 히틀러가 장갑사단을 그리스에 파견하는 바람에 시칠리아 수

비대는 증강되지 못했다(주19의 142쪽). 작전 입안자인 유원 몽타규는 자신의 저서[21]에서 작전 결과, 독일 첩보부와 최고사령부가 기만 정보에 완전히 속는(주21의 138쪽), 예상을 훨씬 초월한 효과를 발휘하였기 때문에 많은 미·영국군의 인명을 구했다(같은 주 150쪽)고 밝혔다.

은폐와 기만

정보활동의 대상이 정보기관의 능력에 관한 지식을 이용해 해당 정보기관의 정보 수집을 회피하는 것을 denial(은폐)이라고 한다. 대상이 그 같은 지식을 이용해 정보 수집자에게 정보를 흘리는 경우도 있다. 그 정보는 진실인 경우도 있거니와 허위인 경우도 있다. 후자의 경우를 deception(기만)이라고 한다.

예를 들면 한 나라가 다른 나라의 공격을 억제하기 위한 수단으로 일단의 무기를 보여주기도 한다. 그 때 실제 능력을 분명히 보여주는 경우도 있지만 그 역량에 대해 잘못된 인상을 주려고 하는 경우도 있다.

냉전시대에 모스크바의 군사 퍼레이드 도중 전략폭격기가 그 상공을 반복 선회하면서 기체 수를 실제 이상으로 과장해서 보였다는 사례가 있다. 미끼(decoy)나 대역 인형(dummy)을 이용해 정찰위성을 속이거나, SIGNT(신호첩보)를 교란하기 위해 가짜 통신을 하는 것도 기만에 해당된다.

제2차 세계대전 도중 연합국군은 D데이에 앞선 기만공작을 통해, 노르망디가 아니라 바도칼레(the Pas de Calais)로 독일의 주의를 돌리기도 했다. 조지 S. 패턴(George Smith Patton) 장군의 가공(架空) 지휘 하에 고무로 만든 dummy(대역 인형) 전차를 다수 준비하여 허위 무선통신을 많이 하게 함으로써 연합국군은 가공 침공군을 창출한 것이다(주3의 77, 78쪽).

정보의 진실성을 판단하려면 이야기 내용에 모순이 없는가, 복수의 정보원에 의해 뒷받침 되는가 등의 기준이 있다. 이것을 '일관성' '일치성'이라고 한다. 따라서 정보의 수집·분석자 혹은 취재하는 사람에게 허위를 진실이라고 믿게 하려면 의도적으로 '일관성' '일치성'을 연출하는 것이 효과적이다.

예를 들면 소련의 외교관이 한 저녁 회식 석상에서 중립국 외교관에게 비밀 이야기를 누설한다. 실은 중립국 외교관이 다음에 미·영국 외교관과 회식하여 정보를 전달할 것을 계산에 넣은 것이다. '무심코 하는 발언'은 소련 외무성의 지시에 따른 것이다. 정보를 입수한 서방측 정보기관의 본부에서는 1만 마일이나 떨어진 칵테일 파티석상에서 다른 소련 외교관이 같은 발언을 누설하는 것을 포착한다. 그러자 서방측 정보기관은 그 정보가 뒷받침 된 것이라고 판단해버린다. 실제는 소련의 정치적 기만공작이 행해진 것이다(주19의 145쪽).

전략적인 기만공작에는 보통 주도면밀한 준비가 필요하다(같은 주 141쪽). 첩보에 의해 우선 적이 무엇을 생각하고, 무엇을 예상하고 있는가를 확인해야 한다. 왜냐 하면 적에게 전하는 그릇된 정보는 진실다움을 갖추면서 적이 그런 작전이라면 있을 수 있다고 생각하는 범위 내에 있어야 하기 때문이다. 다음에 고려할 필요가 있는 것은 적에게 기만 정보를 흘리는 수단이다. 성공의 여부는 군사 부문과 정보기관의 긴밀한 협력에 달려 있다(같은 주 142쪽).

기만공작의 하나로 문서 위조가 있다. 알렌 덜레스 전 CIA국장은, 공산주의 국가와 달리 서방측 정보기관이 평시에 위조를 이용할 수 없는 것은, 윤리상의 배려 외에 자국민과 미디어를 속여 유도하는 것이 매우 위험하기 때문이라고 주장했다(같은 주 146, 147쪽). 기만공작은 적뿐만 아니라 때로는 아군까지 속인다. 그러면 막상 필요한 때에 아군으로부터의 신뢰를 얻을 수 없게 되기 때문이다(같은 주 147쪽). 그런 덜레스 국장 하에서 개찬된 후르시초프 연설문이 의도적으로 누설되었을 가능성이 있다는 점도 잊어서는 안 된다.

용어·개념의 정리

심리공작(PSYOP=Psychological Operations)이란 일국의 정치·군사상의 목적을 달성하기 위해 전시·평시를 불문하고 적성국, 동맹국, 중립국 등에 대해 행사하는 계획적인 심리상의 활동을 말한다. 그 적용 범위는 정치, 군사, 경제, 사상에 미친다(주22의 516쪽).

일상어로는 오히려 심리전(쟁)이라는 말이 친숙할 것이다. 심리전쟁에 엄밀히 대응하는 영어는 사이콜로지칼 워페어(PSYWAR = Psychological Warfare)다. PSYWAR은 흑색·회색 선전 등 전시에는 기만공작(disinformation)으로 정의되는 경우도 있다(같은 주 517쪽).

PSYWAR은 PSYOP의 하위 개념이라고도 말할 수 있다. PSYOP의 일종이다.

그러면서 PSYWAR도 반드시 전시에 한해 전개되는 것만은 아니다. 오히려 전시·평시 구별 없이 행사될 수 있는 것이 심리전의 특징이다. 그렇다고 PSYOP와 PSYWAR를 반드시 과민하게 구별할 필요는 없다.

PSYOP 또는 PSYWAR에 의해 전달되는 것이 프로파간다이다. 실제로는 거의 같은 뜻으로 사용되고 있다고 생각해도 상관없다.

미군에서는 PSYOP를 정보작전(IO=Information Operations) 체계 속에 자리매김해 놓고 있다(주23의 20쪽).

앞의 개념과 특히 미묘한 관계에 있는 것은 기만(가짜 정보) 공작(deception)이다. 이것은 '외국 권력, 조직, 개인을 기만하는 수단'을 말한다. 그 때문에 '증거를 조작, 왜곡, 날조하여 그 대상에게 불리한 반응을 유발하는 것'이다(주22의 147쪽). 디스인포메이션(disinformation)의 정의도 deception과 거의 같다(같은 주 179쪽).

한편 흑색선전의 경우에는 날조된 정보가 포함되는 비율 및 개연성이 높기 때문에 기만공작과 같은 형태를 취하며 같은 효과를 유발한다(같은 주 362, 514, 517쪽). 양자의 개념상 구별과 관련해, 흑색선전은 광범위한 대중을 대상으로 하는 데 비해 기만공작은 특정 정치 지도자를 대상으로 하는 점이 다르다는 견해가 있다(주15의 18쪽). 하지만 결과적으로는 기만공작도 그 영향이 모든 대상에게 미치는 경우가 있다.

뒤에서 언급하는 바와 같이(이 책 56쪽) PSYOP와 기만을 포괄하는 개념이 인지조작(Perception Management)다.

은밀한 액션으로서의 프로파간다

그런데 첩보 상의 프로파간다(특히 흑색·회색선전)는 보통 은밀한(covert) 액션으로 분류된다. 은밀한 액션이란 '수집' '분석' '방첩' 과 함께 첩보활동의 한 요소이며(주18의 8쪽), 비밀리에 국외의 정치, 경제, 군사 상황에 영향을 주는 활동을 말한다(주3의 157쪽). '수집' '분석' '방첩' 이 주어진 상황을 해명하고 이에 대처하는 것을 목적으로 하는 데 비해 은밀한 액션은 현실에 적극적으로 작용해 자기에게 유리한 특정 상황을 창출하려고 시도한다. 그 때문에 적극적인 공작(active measures)으로 불리는 경우도 있다.

그러나 심리공작은 은밀한 액션이다.

뒤쪽 도표와 같이 프로파간다를 정치공작이나 경제공작과 구별하는 경우도 있다.

그러나 정치·경제공작도 대상의 행위에 영향을 미치고, 특정한 결과를 향해 뭔가를 유도한다는 점에서 실제로는 심리공작의 측면을 가진다.

은밀한 액션의 사다리
(주3의 163쪽에 게재된 그림을 가지고 작성)

물리적 유형력 행사의 정도	
많음 ↑	준 군사활동
	경제공작
	정치공작
적음	프로파간다

준(準)군사활동 혹은 군사활동도 마찬가지다. 2003년 10월 8일자 「인민망(人民網)」기사[24]는 미군 심리전의 한 가지 특징으로 '강제성의 심리전' 개념을 지적했다. 이것은 '군사적 타격 같은 고강도 작전 수단으로 적에게 그 감정, 동기, 이지(理智)와 행위를 바꾸도록 강요하는 것'이라고 설명했다. 심리전은 견해에 따라 상당히 광범위한 개념이 된다.

중국의 심리전 개념

〈심리전 강좌⁽²⁵⁾〉(2006년 2월, 해방군출판사)는 '일본 자위대는 심리전을 매우 중시한다'면서 전 일본 방위연구소 교관 이와시마 히사오씨가 말하는 정의를 인용하고 있다.

〈심리전이란 목표(집단)의 여론, 감정, 태도 및 행동에 영향을 미치기 위해 선전 기타 행위를 계획적으로 함으로써 국가 목적 및 정책 또는 군사상의 사명 달성에 기여하는 것을 말한다.〉(주26의 38쪽)

엄밀히 말해서 이것은 이와시마씨가 '군사전문가의 정설'로 드는 심리전의 정의이지, 자신의 독자적인 정의는 아니다. 이와시마씨도 심리전의 정의에 대해 '백가쟁명(百家爭鳴)의 느낌'이 든다고 평했다 (같은 주 29쪽).

그런 점에서 심리전의 갖가지 양상을 적나라하게 포착하고 있어 주목받는 것이 중국「과기일보(科技日報)」(2002년 5월20일자)의 해설이다.

이 기사에 따르면 각국은 서로 다른 정치, 경제, 군사, 문화적 배경을 가지고 있고, 또 모든 것을 보는 입장이나 방법, 시점이 다르기 때문에 심리전의 정의도 가지각색이다. 그러나 이처럼 정의가 서로 다르다는 사실이 심리전의 이해에 어떤 영향을 주는 것은 아니다. 심리전이란 다시 말해서 심리학의 원리를 활용하고 각종 수단을 사용해 사람에 대한 인식이나 감정, 의사에 영향을 미치는 것이다. 그렇게 함으로써 적을 와해시키고 자기를 보호하며, 최소의 대가로 최대의 승리와 이익을 얻는 것이다.

심리전이라는 명칭은 1930년대에 나타났다. 심리전 그 자체는 인류의 전쟁 역사와 마찬가지로 오래 되었고 전쟁이 있는 곳에는 항상 존재해 왔다. 사람들의 의식 여부에 불구하고 심리전은 전쟁의 모든 프로세스에 끊임없이 따라다니는 것이다. 그러나 과거의 전쟁은 주로 무력 싸움이었고 심리전은 단지 일종의 보조 수단에 불과했다.

역사가 진화하고 전쟁이 발전함에 따라, 경제와 군사 부문의 실력을 뒷배(표면에 나서지 않고 뒤에서 보살펴주는 것)로 하며 하이테크 수단을 이용하는 심리전은 현대전에서 점점 더 두드러진 지위를 차지한다. 그것은 무력전의 속박에서 벗어나 일종의 독립된 전쟁 양식이 되었다. 그리고 경이적인 위력으로 전쟁의 과정과 결말에 큰 영향을 미친다.

그러므로 육, 해, 공의 다음을 잇는 '제4의 전쟁'이라고 부를 수 있다. 지난 수년간 '정보 전쟁'(Information Warfare)의 개념이 나타났으며 심리전을 정보전쟁 다음의 '제5의 전쟁'이라고 말하는 사람도 있다.

심리전에는 심리 공격전과 심리 방어전이 있다. 심리 공격전은 적의 심리를 공격하는 것을 주요 작전 목표로 한다. 적의 생각을 바꿈으로써 착각을 일으키게 하여 전투 의지를 분쇄하며, 적을 동요하게 함으로써 사기를 와해시켜 전투력을 약하게 하는 것을 목적으로 한다. 심리 방어전은 자기의 심리 방어선을 확고히 해 소극적인 심리 현상을 예방, 해소하며 승리의 신념을 굳혀 고양된 전투 사기를 유지한다. 전쟁의 승패에 가장 중요한 요소를 결정하는 것은 전쟁의 움직임과 무기 등 장비를 장악하는 사람이기 때문이다.

심리전은 하나의 독립된 전쟁 스타일을 이루고 있으며, 전쟁의 모든 프로세스(전전(戰前), 전시, 전후), 다양한 차원(군사, 정치, 경제, 외교, 문화, 종교 등), 다양한 방면(적, 동맹국, 인심, 지휘관의 의지, 사기 등), 수많은 수단의 채택(선전, 공갈, 협박, 기만, 유혹, 습격, 위계, 분화, 매수), 수많은 형식의 운용(선전 전단, 방송, 신문, 서적, 텔레비전, 인터넷 등) 등에서 영향을 미친다. 실제로 심리전은 전쟁에 봉사할 뿐 아니라, 평시에도 광범위하게 사용된다. 본국의 정치, 경제, 외교상의 수요에 봉사하며 국제 경쟁 속에서 자신을 강대하게 만든다. 동맹을 강화하고 상대를 고립시키며 지지를 쟁취하고 주도권을 장악하기 위해, 형세를 자기에게 유리한 방향으로 유도하는 것도 심리전의 중요한 역할이다. 수년 전부터의 걸프전, 코소보 분쟁, 소련 해체, 동

유럽의 거대한 변화 등의 사건 속에 심리전의 작용과 위력이 모두 나타나 있다.[27]

이와 관련해서는 주27에 나타나 있듯이, 앞의 기사를 전재하고 있는 중국 국방과학기술공업위원회(COSTIND = Commission of Science Technology and Industry for National Defense)는 하이테크 기술 정보의 수집 등을 담당하는 조직이다.

인지조작

한편 미 국방성은 '인지조작'(Perception Management)이라는 개념을 제시하여, 이것을 '선택한 정보나 징표를 전달하거나 혹은 (동시에) 은닉함으로써 외국의 첩보시스템 및 온갖 레벨의 지도자의 판단에 영향을 주며, 외국인의 감정, 동기, 객관적 판단력에 영향을 가하여, 최종적으로는 외국의 활동을 공작자의 목적대로 유도하는 것'이라고 정의한다. 인지조작은 갖가지 방법에 의해 진실 제시, 작전 보전(保全), 위장이나 기만, 거기에 심리공작을 모두 합하여 한 팀으로 한다.[28]

'은밀한 액션의 세 가지 기본 유형은 인지조작(역사적으로 프로파간다로 알려져 있다), 정치공작(외국의 지도자나 정부의 활동에 영향을 준다), 준(準)군사작전(반란 분자에 대한 지원)'이라고 말할 때처럼, 인지조작을 프로파간다나 심리공작과 같은 뜻으로 사용하는 예가 있다.[29]

인지조작과 심리공작, 기만공작의 관계

```
┌─────────┐      ┌─────────┐      ┌──────────┐
│   PM    │  ≧   │  PSYOP  │  +   │ DECEPTION│
│ (인지조작)│      │ (심리공작)│      │ (기만공작) │
└─────────┘      └─────────┘      └──────────┘
```

한편 인지조작을 '정책 결정자 일반에 대한 기만공작'이라고 파악하고, 이 점이 '첩보기관을 대상으로 하는 기만공작'과 인지조작을 구별하는 가장 중요한 사항이라고 설명하는 경향도 있다(주15의 34, 35쪽). 인지조작도 심리전(공작)과 마찬가지로 논자에 따라 견해가 달라지는 것이다.

인지조작에는 정치지도자, 외교관 등에 의한 기만적 발언, 신문 잡지 등의 기사 게재, 문서위조, 영향력 있는 요원의 이용이 포함된다. 아무튼 주목되는 것은 미군의 정규 정의에 의하면 인지조작이 심리공작과 기만공작 양자를 포괄하는 개념이라는 것이다. 이 책도 이 입장에서 광범위하게 심리전을 인식하고 있다. 따라서 이 책에서 말하는 인지조작은 실제로는 「과기일보」 기사가 게재하는 심리전의 개념에 가깝다.

인지조작의 실행 주체

국가에 따라서는 군, 첩보기관뿐만 아니라 정치, 외교 조직이 인지조작을 실행하는 경우도 있다(주15의 35쪽). 미국의 경우에는 CIA, 미군, 구 미국정보청(USLA=United States Information Agency) 등 PSYOP 관계기관이 존재한다.

제2차 세계대전 후 트루먼 정권은 소련의 심리전을 걱정하여 중앙정보국장(CIA국장)이 심리전에 책임을 진다고 하고, 동시에 은밀한 액션은 행정부의 권능이라고 하는 원칙을 확립했다. 1948년 9월 1일 CIA 내부에 새로 설립된 정책조정실(OPC=the Office of Policy Coordination)이 은밀한 액션의 계획·운영을 담당했다. 한국전쟁 기간 동안에 OPC는 급속히 확대되었다. 트루먼은 중앙정보국장의 요청에 따라 1951년 4월 심리전략위원회(PSB= Psychological Strategy Board)를 NSC(국가안전보장회의) 내에 설립하여 정부 전체의 심리전

전략을 조정했다.(30)

현재도 'CIA, 국무성, 국가안전보장회의는 공동으로 미국 정부 정책에 따르는 지침문서를 작성하고 있다. 따라서 CIA의 현장 직원이 프로파간다를 유포하기에 이르기까지는 모든 프로파간다 메시지가 이들 3기관 사이에서 조정된다' 고 한다(주31의 79쪽).

하지만 CIA와 군이 어느 정도 작전 조정에 성공하는지는 정확히 알 수 없다. 왜냐 하면 군 내부마저 통합이 용이하지 않다는 조짐이 엿보이기 때문이다. 2002년 2월16일 럼스펠드(Rumsfeld) 국방장관(당시)은 전략영향실(OSI = the Office of Strategic Influence) 설립을 승인하고 군내 모든 심리전 조직에 의한 인지조작의 조정을 시도했다. 그런데 그 직후인 같은 달 19일에 OSI는 흑색선전을 임무로 한다는 매스컴의 비판이 시작돼 이 영향실을 공공연하게 폐쇄했다. 이에 대해서는 부문간의 세력 다툼 와중에 허위사실이 미디어에 누설되었기 때문이라는 견해가 있다(주23의 135, 136, 159, 160쪽).

구 USIA는 1999년에(같은 주 40쪽), 국무성 내의 홍보국(BPA = the Bureau of Public Affairs) 등으로 개조되었다. 1950년대 초에는 USIA에 흑색선전의 강화를 요구하는 제언도 있었다(주32의 120, 121쪽 등). 걸프전에서는 USIA, CIA, 펜타곤 사이에서 심리전 주도권 다툼이 일어나 이것이 전략적 심리전의 실패를 초래했다는 설도 있다(주33의 24쪽).

현재 일본에는 PSB처럼 심리공작으로 특화된 의사 결정 · 조정기구는 없다. 또 적어도 공안조사청에 관한 한 '대일(對日) 작용'이라는 개념은 존재한다 해도, 외국에 의한 모든 인지조작을 전문적으로 분석하고 대책을 강구하는 시스템은 없다.

제2장

인지조작

스토리의 개념 / 스토리에 의한 인지조작 / 인지조작의 사례 / 심리적인 기술 / CIA의 인지이론 / CIA의 기만공작 연구 프로그램 / 정보 분석에 의한 인지조작 / 원 프레이즈 분석에 잠재해 있는 인지조작 / 가장 성공한 첩보공작 / 인지조작을 생각하는 어려움 / 인지조작의 효과 / 인지조작의 순서

스토리의 개념

1, 2, 3, 5, 8, 13, 21….

이와 같이 숫자를 나열하면 수학을 좋아하는 독자는 이 숫자 배열이 피보나치(Fibonacci) 수열의 일부라는 것을 알아차릴 것이다. 1+2가 3, 2+3이 5라는 식으로 어떤 항이 두 개 앞과 하나 앞 항의 합이 되는 수열이다.[1]

그런데 21 다음에 필자는 변덕을 부려 예를 들면 31이라고 쓸지도 모른다. 그렇게 되면 이것은 피보나치 수의 집합이 아니게 된다.

그렇다면 이것은 어느 달에 있어서 어떤 사건이 반드시 일어나는 날짜를 나타내고 있는지도 모른다. 어쩌면 문자를 숫자로 변환한 암호일지도 모른다. 이런 식으로 사람들은 무슨 일에서든 의미를 찾아내려고 한다. 때로는 자신의 하찮은 생애를 반영하고 있을 리도 없는 하늘의 성좌에까지 운명을 빙자해 미래를 예견하려고 시도한다.

대체로 현대인은 황당무계하다고 생각하지만 점성술도 세계를 해석하는 하나의 스토리다.

'앞에서 나온 숫자(열)는…이다'고 생각하는 것은 바로 어떤 스토리를 구성하는 것이다. 그러나 그것은 어디까지나 스토리상의 것이지 스토리가 반드시 현실을 충실히 반영하고 있다고는 할 수 없다. 필자가 다음에 31이라고 더 쓰면 '앞의 수열은 피보나치 수의 집합이다'는 스토리는 '31'이라는 새로운 현실에 위배돼 붕괴하는 것이다.

사실상 앞 숫자의 무리는 단순한 착상으로 원고에 쓴 숫자이며 그 이상도 이하도 아니다. 아무런 의미가 없다. 아무 의미도 없다는 것은 약간 부정확하며 실제로는 필자가 스토리라는 개념을 설명하기 위해 편의적으로 쓴 것이다. 다시 말해서 이 경우의 스토리는 '스토리'라는 개념을 설명하기 위한 스토리 그 자체다. 그 스토리 속에서 앞의 숫자 무리는 의미를 가지고 있다.

사람은 의미를 생각하는 일 없이는 거의 살 수 없는 기묘한 '의미'의 생물이다. 사람은 모든 일이 일어나는 온갖 사건, 존재하는 온갖 사물에 대해 의미를 찾아내려고 한다.[2] 식욕이나 성욕이라는 근원적 욕구마저 이미 동물적, 충동적인 것에 그치지 않는다. 그런 것들도 어떤 의미의 부여 없이는 성립되지 않는 경우가 대부분일지도 모른다. 의미를 해석할 때 사람은 모든 사물, 모든 현상을 서로 관계 지어서 많든 적든 전체적으로 논리 정연한 이야기를 만들어 내려고 한다. 그것이 스토리다.

스토리는 꾸며낸 이야기에서부터 민족의 신화, 전설, 종교, 철저하게 깊이 생각한 온갖 과학, 철학의 체계에 이르기까지 갖가지 형태를 취할 수 있다. 스토리의 엄밀성, 정확성, 논리성, 체계성, 시종(始終) 일관성, 설득성 등은 스토리마다 다르다. 대체로 현대인은 점성술보다 물리학적 우주론 스토리를 신봉할 것임이 틀림없다. 어느 것이든 대다수 사람들이 이해할 수 없는 신비적인 것이 공통점이지만 후자는 과학이기 때문이다. 자연과학은 확고한 스토리다.

앞의 예로 말하자면, 일시적 기분에 의해 나열한 숫자를 정리한 것이라고 하기보다 '피보나치 수열'이라는 해석을 가한 스토리를 제시하는 것이 매력적이다(말해 두지만 앞의 숫자 그룹을 수열이라 생각하는 것 자체가 이미 하나의 스토리를 형성하기 시작한 것이다). 왜냐 하면 무작위로 숫자가 나열되어 있다고 생각하는 경우와 달리, N번째 항에 대해서도 점화식을 풂으로써 혹은 관련 컴퓨터 프로그램에 의해 계산할 수 있다. 스토리의 채택에 의해 예측이 가능해지기 때문이다. 바꿔 말하면 스토리에 의해 나머지 미지의 항 즉, 미지의 현실까지도 결정된다.

스토리는 일단 내면화하면 강력한 작용을 한다. 예를 들면 불규칙하게 나타난 '31'을 순순히 받아들이는 것이 아니라 뭔가의 착오라고 생각한다. 제8항목 정도라면 실감이 나지 않겠지만 불규칙 항이 백 단위, 천 단위, 만 단위째에 처음 나타나면 역시 '에러'라고 확신할 것임이 분명하다. 불규칙 항 때문에 규칙성을 포기해야 하는 것은 아깝다. 인쇄 미스나 계산 미스는 가끔 그 불규칙 항은 어디까지나 예외에 불과하고 그 후는 규칙적으로 숫자가 계속된다는 식으로 불규칙 항에 의심의 눈을 돌리게 만든다. '피보나치 수열'이라는 스토리의 타당성에 대한 신뢰는 간단히 흔들리지 않는다.

스토리는 하나의 전제·가설이다. 혹은 신념·선입관도 된다. 스토리는 세계관 그 자체다.

너무 현실과 격리된 스토리는 누구나 상대하지 않겠지만 그 나름으로 현실을 반영한 설득력 있는 스토리는 반대로 현실에 작용한다. 아니, 오히려 스토리가 현실을 규정하고 현실 그 자체로 전화(轉化)한다고 말해야 할 것이다. 왜냐 하면 앞의 예에서 보듯 불규칙 항의 출현을 어떤 착오라고 믿는 것처럼, 스토리에 모순되는 사실은 일반적으로 당초 현실로 고려되지 않으며 심지어는 지각조차 되지 않기 때문이다. 스토리가 현실을 포함하는 것이다.

존재하지 않는 것을 존재하게 하거나, 과거로 되돌아가 역사를 변경하거나, 현실을 자유자재로 개조하는 것 등은 사람으로서는 할 수 없다. 그러나 스토리에 작용하여 영향을 미치는 것 즉, 개인·집단이 스토리의 형태로 안고 있는 '현실'을 왜곡하고, 개변하고, 조작하는 것은 가능하다. 이른바 의식적으로 존재를 규정하는 것이다.

자기에게 유리한 스토리를 제시함으로써 자신에게 유리한 '현실'을 드러내게 하는 것, 그것이 바로 인지조작이다.

스토리에 의한 인지조작

미국방성의 국방기술정보센터(Defense Technical Information Center) 사이트에 게재된, '인지조작과 연합군의 정보작전'이라는 제목으로 작성된 미 해군 대학원의 석사 논문[3]은 인지조작에 있어서 스토리의 중요성을 지적했다.

이 논문에 의하면 인지조작의 역할은 개인·집단을 불문하고 가능한 한 물리력을 사용하지 않고 그 인지에 영향을 미치게 하여 위기나 분쟁에서 우위에 서는 것이다. 정보작전(IO = Information Operations)의 영향력이 증대하고 있기 때문에 물리적인 파괴는 이미 분쟁에서 승리를 가능하게 하는 유일한 수단이 될 수 없게 되었다. IO의 열쇠가 되는 것이 인지조작이다(주3의 1쪽). 〈손자(孫子)〉의 제1절 '싸우지 않고 적군을 굴하게 하는 것'(謀攻編)처럼 온갖 수단을 이용해야 한다고 한다(같은 주 16쪽).

개인이나 집단의 마음속으로 들어가는 것은 대단히 어렵다. 그러나 불가능한 것은 아니다. 어떤 종류의 심리적인 기술(이 책 73, 74쪽 참조)은 효과적인 영향력이 있다는 것을 우리는 이미 알고 있다(같은 주 3쪽). 인지조작의 기술은 의식적이라도 올바르게 사용하면 강력한 영향력의 무기가 된다. 인지조작의 이용자는 적절한 정보와 기본적인 심리학적 기술을 사용함으로써 어떤 개인이나 집단도 조작할 수 있다. 누구나 조작에 대해 취약하다(같은 주 32쪽).

사회화 과정에서 사람은 '무엇을 보아서는 안 되는가'를 습득한다. 사회는 의식이나 인지 즉, 뇌가 현실을 구성하는 것을 제한한다. 테크놀로지에 의해서 이 과정은 신속하고 용이하게 진전한다(같은 주 17쪽).

사람의 장기(長期) 기억은 한정되어 있다. 모든 것의 세부사항은 잊어버리고 논리는 붕괴된다. 기억을 재생하려고 할 때 잃어버린 데이터가 인지조작에 의해 보완될 가능성이 있다(같은 주 35, 36쪽).

그리고 이 논문은 여러 사회심리학자[4]들의 학설을 언급하면서 '스토리텔링(story telling)에 의한 인지조작'에 대해 논했다.

즉, 스토리텔링은 의사 전달과 의미 생성의 고전적인 수단이다. 그것은 의미를 만들어내고 지배를 강요하고 의미를 조작하는 과정이다(주3의 28쪽). 사람은 상호간의 일도 사건도 스토리를 이해하면서 사고한다. 개별적인 사물이나 행동을 따로따로 생각하는 것이 아니라 특정한 전체적인 문맥 또는 표준 범위(frame of reference) 안에서 사물 간의 계속적이고 역동적인 관계를 이해한다(같은 주 24쪽).

인지조작은 하나의 스토리를 만들어내는 방법으로, 환경 속에서 말, 이미지, 음성 기타 감각을 조작함으로써 달성된다. 상대방은 이런 말을 재고(再考)하여 주어진 현실을 이해하려고 시도한다(같은 주 13쪽). 사람은 실제 사건의 범위를 초월하여 스토리의 줄거리를 쫓는다. 스토리가 제공하는 설명에 의해서 개념을 관계 짓고 그것을 발전시켜 사고하는 것이다. 문화가 다르면 스토리도 변화하고 다른 인지로 귀결된다(같은 주 28쪽). 스토리가 현실을 구성하고 수정하여 인간의 인지를 한계 짓는 것이다(같은 주 29쪽).

스토리텔링의 룰은 극히 간단하다. 미군의 'Joint Publication 3-58[5]'에 의하면 스토리는 신용성이 있고, 검증이 가능하며, 일관성 있고, 또 실행 가능한 것이어야 한다(주3의 29쪽).

인지조작의 사례

그래서 앞의 논문이 검토한 사례의 하나가 1990~91년의 걸프전이다. 이 논문은 '걸프전은 하이테크 무기 전쟁인 동시에 주의 깊게 조립된 말의 전쟁'(주3의 35쪽)이라고 하며 미국, 이라크, 쿠웨이트 각국에 의한 인지조작의 전술과 그 결과에 대해서 고찰했다. 여기서는 쿠웨이트의 인지조작 캠페인을 중심으로 설명하자.

쿠웨이트는 이라크군에 의한 노상 살인, 가옥 방화, 기타 살인, 강간, 약탈, 고문 등의 잔혹한 행위를 들어서 '이라크 점령군은 무고한 쿠웨이트 시민에 대해 비인간적 행위를 잔인하게도 증대시키고 있다'고 강력히 주장했다(같은 주 37쪽).

신용할 수 있는 스토리를 만들어내기 위해 쿠웨이트 당국은 안보리에 보고서와 비디오 영상을 제출하고 무자비하고 잔혹한 행위를 상술했다. 그들은 20개나 되는 워싱턴의 PR, 법률, 로비 회사들을 고용해 미국인이 전쟁을 지지하도록 유도했다. 10가지를 넘는 날조 비디오 뉴스가 전 세계의 텔레비전 방송국 네트워크를 통해 방송되었다. 예를 들면 쿠웨이트 왕족은 '힐 & 노턴'이라는 PR회사를 고용, 기만적인 의회 공청회를 사전 준비시켰다. 공청회에는 쿠웨이트 대사의 딸이 신분을 감춘 채 나타나, 이라크군이 병원 보육기에서 20명이나 되는 유아를 꺼내 방치하여 죽게 만드는 것을 목격했다고 허위 증언을 했다. 결과적으로 쿠웨이트 당국은 미국뿐 아니라 국제 연합의 지지를 얻는 데도 성공했다(같은 주 37, 38쪽).

쿠웨이트, 미국, 이라크는 모두 숙달된 스토리텔러들이다. 'Joint Publication 3-58'이 정의하듯이 기만 스토리는 신용할 수 있는 것이어야 한다. 신뢰할 수 있는 뉴스는 상황이나 문맥의 줄거리를 만든다. 이번에는 그 뉴스가 신용 가능한 내용과 궁극적으로는 뉴스 영상 속에서 현실을 만들어낸다. 스토리는 지도자의 정책을 지원하도록 만들어져야 한다. 허위 스토리를 확산하는 키(key)는 보내는 쪽의 신용성이다. 받는 사람은 누가 진실을 말하는가를 판단한다. 일단 판단이 내려지면 받는 사람은 자신의 신념이나 의견에 따라 현실을 구축하고 그 기억을 용이하게 한다.

결국 정치 지도자는 현실을 규정하려고 시도하는 것이다. 뿐만 아니라 그들이 미디어에 스토리를 전하면 이번에는 미디어가 그 해석을 우리들에게 전하고 타국에 대한 우리 인식을 결정한다.

뇌가 현실을 구성하는 원리를 깨닫게 된 자는 자신에게 향해진 인지조작 수단을 보다 많이 특정할 수 있을 것이다. 그러나 정보를 받은 뒤 반응을 보이는 사람은 스스로를 기만하는 편견을 형성하지 않도록 주의해야 한다.

연합군이 대량파괴 무기를 사용한다는 스토리는 이라크에 공포를 심어놓고 사기를 저하시켰다. 이라크군의 신용을 떨어뜨리고 그 능력을 감소시킨다는 목적은 달성되었다. 이라크의 하층 계급에 의심과 혼란을 야기하는 데 사용된 기술이 인지조작이다(같은 주 62, 63쪽).

심리적인 기술

주3의 논문이 인용한 로버트 B. 차르디니는 그의 저서 〈영향력의 무기[6]〉에서 다음과 같은 설득술에 대해 해설했다.

- 기계적인 반응 – 같은 보석이라도 비싼 정가표를 붙인 것이 잘 팔린다. '고가 = 양질'이라는 판단이 작용한다. 인간의 행동 대부분은 자동적, 틀에 박힌 형태이다(주6의 7쪽).
- 컨트라스트(contrast)의 원리 – 인간의 지각에는 컨트라스트의 원리가 있다. 두 번째로 제시되는 것이 최초에 제시되는 것과 상당히 다른 경우, 그것이 실제 이상으로 최초의 것과 다르다고 생각하는 경향이 있다(같은 주 15쪽).
- 반보성 – 타인이 이쪽에게 어떤 은혜를 베풀었으면 비슷한 형태로 답례를 해야 한다는 강박관념(같은 주 23쪽).
- 커미트먼트(commitment)와 일관성 – 마권을 산 직후에는 사기

직전보다 자신이 건 말이 이길 가능성을 높게 어림잡는다. 일단 결정을 내리거나 어떤 입장을 취하면 그 커미트먼트와 일관된 행동을 취하도록 개인적으로나 대인적으로 압력이 들어간다(같은 주 71쪽).

- 사회적 증명의 원리 – 우리들은 타인이 무엇을 옳다고 생각하고 있는가에 따라 매사가 옳은지 그른지를 판단한다(같은 주 138쪽).
- 호의 – 자신이 호의를 가지고 있는 지인으로부터 뭔가를 부탁받으면 대부분의 경우 승낙해 버린다(같은 주 196쪽).
- 권위 – 권위 있는 것에 맹목적으로 복종하는 경향(같은 주 259쪽).

기타 갖가지 디프(deep) 테크닉이라고 하는 심리적 기술이 있다.[7] '디프'라는 것은 수취인의 의식을 환기시키지 않고 영향을 미친다(주 3의 16쪽).

CIA의 인지이론

미연방의회 자문기관인 '미·중 경제안전보장 재검토위원회' 사이트(www.uscc.gov)에는 '중국에 의한 인지조작의 이용[8]'이라는 논문이 전재되어 있다. 집필자는 미 공군 특별조사실(OSI = the United States Air Force Office of Special Investigations)의 방첩 담당자들이다. 이 논문(이 책 105쪽 이하 참조)은 CIA자료[9]를 인용하면서 인지조작에 대해 해설했다.

즉, CIA에 의하면 '인지는 세계상을 형성하는 과정이며 두 개의 하위 프로세스를 포함한다고 생각할 수 있다. 우선 감각적 데이터가 주어지면 그것을 정리, 분석해 포괄적이고 일관된 상(像)을 만드는 것이다. 따라서 잘못된 인지는 부정확한 데이터에서 생기는 경우도 있는가 하면 정확한 데이터를 잘못 처리하는 데서도 생긴다'(주8의 2쪽).

인지조작은 보통 평시에 행해지며 반드시 기만적인 정보가 이용되는 것은 아니다. 그 목적은 장기간에 걸친 복잡한 조작을 통해 한 나라의 고관(高官)의 견해에 영향을 주고, 이미지를 개선한다. 예를 들면 분쟁을 억제하는 것이다. 인지조작은 기만보다 더 복잡한 기획이라고 생각할 수 있으며, 적의 정부 중추나 공중(公衆)에게 영향을 주는 데 전념한다. 인지조작 공격을 할 때에는 보다 주도면밀한 준비가 필요하다.

광고나 마켓 캠페인에서 보는 바와 같이 인지는 조작이 가능하다.

인지조작 공격을 입안할 때에는 첫째, 전략적 목표를 설정해야 한다. 목표를 세웠으면 적에 대해 연구하고 적을 알아야한다. 적의 문화, 사상, 역사뿐만 아니라 의사결정 과정에 대해서도 명확히 이해해야 한다. 모든 대상을 똑같이 취급해도 안 된다. 문화가 다르면 상황에 대한 반응도 다르기 때문이다. 입안자는 대상의 표준 범위에 대해서도 인식해야 한다. 정부 고관은 자신의 생각을 간단히 바꾸지 않고 자기 개인의 관찰에 중점을 둔다. 왜냐 하면 그들은 발달된 신념 체계를 마음속에 품고 있기 때문이다(같은 주 2쪽).

다음 단계에서는 인지조작의 내용을 구체적으로 입안하여 어떻게 하면 적에게 가장 큰 영향을 줄 수 있는가를 결정한다. 이 단계에서는 계획이 폭로될 위험성을 측정할 필요가 있다. 계획을 실행할 때에는 인지조작에 의한 효과를 판정하기 위해 피드백 메커니즘이 작동하도록 해 두어야 한다. 피드백을 통해서 작전을 조절 혹은 중지하거나, 적이 인지조작을 탐지하는 것을 방지할 수 있다.

인지조작에는 적어도 다음 네 가지 작업이 필요하다. 즉, ①대상의 주의를 끌 것 ②관련성이 있는 정보를 제시하여 대상의 주의를 지속시킬 것 ③대상의 기억이나 경험과 꼭 들어맞는 정보를 그려낼 것 ④반복해서 정보를 전달하여 일관성을 유지하고 적으로부터의 폭로를 피하는 것이다. 더구나 정보는 시의적절한 것이어야 한다(같은 주 3쪽).

CIA의 기만공작 연구 프로그램

앞의 논문은 계속해서 '인지조작을 입안할 때에는 기만공작의 원리가 적용된다'면서 '1980년에 CIA의 기만공작 연구 프로그램은 기만공작의 실천에 적용될 10개 원칙을 만들어 냈다. 이들 중 6개는 인지조작의 복잡한 과정에도 항상 적용 가능하다'고 주장했다(같은 주 3쪽). 그 6개의 원칙이란 다음과 같다(같은 주 3, 4쪽).

① 맥그루더의 원칙(McGruder's Principle) - 적이 이미 가지고 있는 신념을 조작하는 것이 허위의 증거를 제시하여 그 변경을 시도하는 것보다 용이하다고 하는 원칙. 사람이 뭔가를 깨닫고 그것을 어떻게 해석할 것인가는 그 사람이 무엇을 발견하려 하는가에 크게 의존한다. 국제관계 석상에서 고관의 신념은 간단히 흔들리지 않는다. 따라서 이 원칙을 바탕으로 인지조작을 하는 것이 유익하다.

② 조절의 개념 - 조금씩 정보를 제시하여 적의 인지를 조작하는

것이 한 번에 정보를 전부 꺼내 보이는 것보다 효과적이다. 적은 노골적으로 제공된 정보를 배제할 가능성이 높다. 특히 그것이 그들의 신념과 표준 범위에 들어맞지 않는 경우에는 더 그렇다. 반대로 조금씩 단계적인 변화는 비록 그것이 본래 두 가지 의미를 가진다 해도 적에 의해 받아들여지기 쉽다. 최종적으로 시간을 들여 인지를 변경할 가능성이 높다.

③ 진실의 이용 – 사실에 관해서 정보의 애매함을 적게 하면 할수록 더 많이 적에게 영향을 줄 수 있다. 부분적, 단편적인 진실은 반드시 전체와 동일한 것은 아니다. 그 결과 조작자는 외국 정부 관료의 인지 과정에 직접적으로 작용하지 않아도 소기의 잘못된 결론으로 유도할 수 있다.

④ 피드백의 메커니즘 – 인지조작에 대한 반응을 얻는 정보 회로는 조작의 효과를 판단하거나 변경이 필요한가의 여부를 결정하는 데 있어서 없어서는 안 된다. 이 원칙은 기본적인 기만공작보다 인지조작에서 더 필요하다. 왜냐 하면 인지조작은 더 오래 계속되고 궤도 수정이 필요할 가능성이 높기 때문이다.

⑤ '원숭이 손'(the Monkey's Paw)의 원칙 – 기초적인 기만공작이나 더 세련된 반사 제어 공작(reflex control operations)과 마찬가지로(reflexive control에 대해서는 이 책 219쪽을 참조), 인지조작의 계획자는 상세하게 그 작전의 결과를 주시해야 한다. '원숭이 손'의 원칙은 바람직하지 못한 부작용의 조짐을 탐지할 필요성을 설명한다. 인

지조작의 파급 효과를 완전히 예측할 수는 없지만 바람직하지 않은 전개가 보이기 시작하면 즉시 그에 대처하는 것은 유익하다. 입안자는 유해한 부작용이 더 중대한 문제로 발전하기 전에 그것을 제거해야 한다.

⑥ 전체 설계 – 인지조작을 실행하려면 그에 앞서 재료의 배치와 제시 방법을 자세히 조사해야 한다. 인지조작에서는 적에게 정보를 흘릴 시기가 매우 중요하다. 적은 갑자기 우연히 유익한 정보를 얻어도 그 가치를 의심하는 법이다. 따라서 정보는 그와 같은 형태로 제공해서는 안 된다.

정보 분석에 의한 인지조작

인지조작은 정보활동의 모든 영역에 미칠 수 있다. 이 책 49쪽에서 기술한 바와 같이 첩보상의 심리공작은 은밀한 액션의 한 유형이며 은밀한 액션은 특수한 첩보활동이다. 그러나 은밀한 액션으로 분류되지 않는 보통의 '정보 분석' 혹은 그 '생산물(분석 페이퍼, 보고서)'도 경우에 따라서는 인지조작에 이용될 수 있다.

미 국립 국방대학의 중동부장 쥬디스 야페(Judith Yaphe)는 '인텔리전스(intelligence)는 여러 가지 점에서 성서의 해석과 비슷하다. 거의 어떤 주장이라도 그것을 뒷받침할 재료를 찾는 것은 가능하다'고 기술했다. 야페는 20년에 걸쳐 CIA의 서아시아·남아시아 분석실의 중동 및 페르시아만 담당 고위 분석관과 이라크 담당 수석 정치 담당관을 역임했다.[10]

역시 전 CIA 분석관인 마이켈 쇼와도 같은 견해를 표명했다.[11]

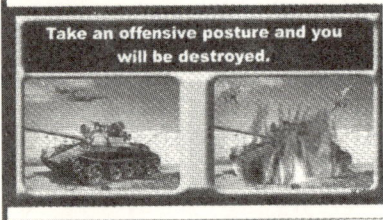

미군이 작성한 리플리트(leaflet, 선전 전단)의 한 예. '공격적 태도를 취하면 파괴된다'고 말하며 항복을 재촉하고 있다. 알기 쉬운 일러스트, 짧은 메시지로 대상의 심리에 작용하는 선전 전단은 PSYOP의 기본 매체의 하나다.
(출처: http://www.centcom.mil/sites/uscentcom1/leafletgallery/)

알기 쉽게 말하면 '그럴 마음이 된다면 무슨 말이든 할 수 있다'는 것이 될 것이다.

많이 알려져 있듯이 학문 중에서 가장 엄밀한 체계를 자랑하는 수학에서도 예를 들면 유클리드의 제5공준을 다르게 정의해도 모순 없는 공리계(비(非) 유클리드 기하학)를 구축할 수 있다. 이른바 사회과학의 경우는 수학과 비교가 안 될 정도 '불완전'한 학문이라고 말하지 않을 수 없다. 입론(의논의 체계를 세움) 과정이 아무리 형식 논리에 들어맞아도 출발점이 되는 모든 사실의 정의나 인정, 가설이 자의적이라면 결론도 자의적이 된다. 게다가 첩보는 반드시 과학인 것은 아니다.

일반적으로 분석자가 의도

적으로 조작을 시도하는 경우가 있는가 하면, 분석자 자신도 무의식 중에 특정한 견해(전제)에 구속되는 경우가 있다. 그러나 그 결과 발표된 분석 보고서는 외관상 종종 인지조작에 대한 의심 같은 것은 갖지 않게 하는 공고한 객관성, 설득성을 띤다. 분석 결과를 잘 조절하면 인지조작의 재료로 이용할 수 있는 것이다.

원 프레이즈 분석에 잠재해 있는 인지조작

CIA의 분석 기술 매뉴얼은 보고서에서 타이틀과 리드 문장의 중요성을 강조한다. 타이틀은 그 자체에 결론이 포함되도록 작성한다. 계속되는 리드 문에서는 분석의 핵심, 결론을 제시한다. 한 문장(one phrase)으로 결론을 정리할 수 없는 것은 현재까지 분석이 충분하지 못한 것이라고 기술하고 있다(주12의 12쪽).

이것은 대통령 이하 다망한 정책 결정자들은 분량이 많은 보고서를 숙독할 시간적 여유가 없다는 데서 기인한다. 그러나 약간 냉정하게 생각하면 알 수 있듯이, 어떤 경우라도 복잡한 사상이나 개념을 한 문장으로 정리하기는 힘들다. 형식적으로는 한 문장에 기술할 수 있을지 모르지만, 그것은 말해야 할 내용을 충분히 말하지 않았고 현실을 충분히 반영하지 않은, 내용이 빈약한 요약문으로 전락할 우려가 있다.

이런 보고서가 몇 번이나 반복 제출되면 타이틀과 리드가 일종의 프로파간다로 전화(轉化)해버린다. 사실은 근거가 없는 보고서라도 계속 반복되는 사이에 읽는 사람의 확신을 보강하는 효과를 낳는다.[13]

이 같은 사정은 매일의 뉴스 보도에서 미디어가 제시하는 '분석'에 대해서도 적용된다. 미디어는 대단히 영향력이 강한 집단이다. 미디어는 대량 정보를 제공하지만, 그것들은 종종 사운드 바이트(텔레비전의 뉴스 프로그램 등에서 짧게 인용되는 정치가 등의 발언 혹은 그 비디오 영상)의 형태로 매우 한정된 범위 속에서 전달된다. 이 가공된 정보가 여론의 형태로 바뀌지면 거의 사실에 기초하지 않은 태도가 생겨난다. 이런 무지한 태도는 잘못된 전제로 기울 가능성이 있다는 점에서 위험하다(주3의 60쪽).

간단한 것을 일부러 어렵게 말할 필요는 없다. 그러나 모든 것은 반드시 간단히 말할 수 있으며 간단히 말해야 한다고 생각하는 것은 그 자체가 바로 하나의 세계관이다. 간단히 말할 수 있는 것은 본래 간단한 내용뿐이다. 항상 간단히 말하려고 하는 것은 항상 간단히 생각할 수 있다고 생각하고 있다는 것이다. 다시 말해서 세계를 단순히 해석하고 있는 것이다. 그런 태도는 인지조작에서도 취약점이다.

가장 성공한 첩보공작

역사상 가장 성공한 첩보공작은 무엇일까?

그것은 존재가 알려지지 않은 공작인지도 모른다. 본래 공작은 비밀리에 행해지는 것이다. 진정 성공한 공작은 공작자 외에는 알 수 없다. 대체로 우리들이 알 수 있는 첩보공작은 이미 과거의 유물로서 공개된 것이거나, 많든 적든 실패로 끝난 공작이라고 말할 수 있다. 그런 식으로 생각하면 첩보에 관한 얘기는 항상 불완전한 것일 수밖에 없다. 상상을 비약하면 비록 무서운 공작이 진행되어도 그것이 완전하면 완전할수록 보통 사람은 헤아릴 수 없게 된다. 알 수 없기 때문에 무서운 공작이라는 전도된 논리에서 온갖 모략론이 나오는 것이다.

그렇게 되면 첩보 사안에 있어서 모든 사실은 적대 기관에 의한 폭로, 어떤 사정에 의한 기밀 누설, 당해 기관의 공식 발표 혹은 비공식 누설, 의회 등에 의한 감찰 보고서, 전직 직원·관계자에 의한 수기, 학자·연구원에 의한 조사·연구 혹은 이것들을 받은 보도내용 등에 의해 구성되는 것 외에는 없다.

그 어느 것에도 기만정보가 섞여 들어가 있을 가능성이 있기 때문에 기본적인 사실관계의 확정 그 자체가 매우 어렵다. 보통 취재활동에서 말하는, 뒷받침이 되는 확실한 증거는 얻을 수 없는 경우가 많다. 언뜻 봐서 뒷받침이 되는 확실한 증거를 얻은 것처럼 보여도 그것이 정말로 뒷받침이라고 말할 수 있는지 아닌지는 간단히 단정할 수 없다. 외부는 물론이고 바로 그 정보기관도 사정은 같다(이 책 45쪽 참조).

성공한 첩보공작과 마찬가지로, 가장 완전한 기만공작이 무엇이었는지를 알 수 없는 것은, 완전한 기만은 속고 있는 측이 속고 있다는 것 자체를 알아채지 못하는 기만이라고 말할 수 있기 때문이다.

따라서 극단적으로 논한다면 첩보에 관한 사실은 대부분 절대적인 검증이 불가능하다고도 말할 수 있다. 사실은 항상 보류된 사실로서밖에 제시할 수 없다. 사건의 당사자가 아닌 이상 항상 '인물(협력자) A는 사실 X를 말했다(A에 의하면 X다)' 혹은 「A에 의하면 X다」라고 자료 α에 기재되어 있다'는 형태로밖에 '사실'에 대해서 언급할 수 없다. 정보의 근거, 문헌상의 확실한 근거의 명기가 중요한 것은 이런 이유에 기인한다.

다만 전거(典據, 문헌상 확실한 증거)의 명기(明記), 확인은 진실성을 담보하는 조건은 될 수 있어도 그 충분조건이 아님에 유의해야 한다. 인용이 부정확한 경우가 있는가 하면 아무리 권위 있는 전거라도 그 자체가 잘못되어 있거나 의도적으로 허위를 기록하고 있을 가능성이 있기 때문이다. 전거조차도 인지조작의 재료가 될 수 있는 것이다.

인지조작을 생각하는 어려움

일반적으로 첩보에 관한 사실은 인정하기가 곤란하다는 점을 지적했다. 실제로 인지조작의 존재를 입증하는 것은 다른 첩보공작과 마찬가지로 혹은 그 이상으로 어렵다. 왜냐 하면 인지조작은 반드시 특정 개인에게 직접 작용하는 것만은 아니기 때문이다. 그 조작 결과가 반드시 어떤 외형으로 나타나는 것도 아니다. 마음속의 변화는 밖에서 엿볼 수 없는 것이다.

  그 조작의 과정을 완전히 해명하는 것은, 마치 여러 가지 소문이나 도시의 전설에 대해 최초로 그 말을 꺼낸 사람이 누구인지를 확인하려고 시도하는 것과 비슷하다. 왜 그 소문이 퍼지고, 어떤 범위로 확산되고 있으며, 어떤 영향력을 미치고, 어떤 결과를 초래했는가에 대한 대강의 인상은 마음속에 가질 수 있다. 하지만 정확히 개인에게서 개인으로 정보의 흐름을 더듬어 그 소문을 확인하는 것은 지극히 어려운 일이다. 그렇다고 해서 '소문' 같은 것이 존재하지 않는가 하면 그렇지는 않다. 그것이 틀림없이 실존한다는 데 일부러 많은 말을 허비할 필요는 없을 것이다. 이와 관련해서 '소문' 자체는 프로파간다의 한 수단이며, 대면(face to face)해서 기만정보를 흘리는 구전(口傳)공작이 존재한다.[14]

인지조작은 그 효과가 즉시 나타난다고 할 수 없고 조작을 받고 있는 사실을 의식하지 못하는 경우도 있다. 인지조작은 글자 그대로 정체를 모르는 특징을 가지고 있다.

이상과 같이 기술하면 분명히 '소문'이 존재한다는 것은 상식적으로 확인할 수 있어도 인지조작 등이 정말로 존재하는가, 그것은 단순한 망상이 아닐까 하고 의심 많은 독자는 조심할 것이다.

그러나 인지조작은 역시 틀림없이 실존한다. 정치상황의 변화 등에서 극히 드물게 당사자가 프로파간다 공작을 한 사실을 인정하는 경우가 있다. 그 한 예가 에이즈 미군 생물무기설의 유포이며 구 소련, 러시아는 사실상 이것이 KGB의 공작이라는 것을 시인했다(이 책 186쪽).

이것도 당사자가 인정하지 않는 한 인지조작의 사실을 입증하기란 어렵다. 개중에는 원래 KGB의 기만정보라는 것을 모르고 보도했거나 의혹을 구전으로 퍼뜨린 사람도 있을 것이다. 어쩌면 지금도 그 가능성을 의심하는 경향이 있는지도 모른다. 그런 사람도 KGB에 의한 인지조작의 피해자이며 동시에 무의식의 협력자다.

에이즈 미군 생물무기설은 아마도 그 소문에 의해 미군 또는 미국에 대한 불신이나 적의를 환기시키고 그 국제적인 영향력을 감소시키려는 의도에서 나온 것일 것이다. 그러나 공작한 사람조차 그 효과를 완전히 예측할 수 없을 것이다. 또 공작의 대상자나 제3자가 사후적으로 효과를 평가하는 것도 마찬가지로 곤란하다.

원래의 발상 그 자체가 이른바 *'바람이 불면 통장수가 돈을 번다'는 식이라고도 말할 수 있다. 그것과 똑 같은 이치를 가령 법정에서 주장해도 현상간의 인과관계 등은 인정받지 못하고 망설(妄說)로 일축될 것임이 틀림없다. 그런데 중요한 것은 그 망상을 계획적으로 실현하려고 하는 주체(첩보기관 등)가 존재하는 것이다. 그리고 그 허위 정보는 적어도 미국이 묵살할 수 없을 정도의 효과가 있었다는 점이다.

종자[15]를 뿌렸다고 해서 그것이 싹튼다고는 할 수 없다. 더군다나 꽃이 피고 결실 맺는다는 보증은 없다. 하지만 종자를 뿌리지 않고 수확은 절대로 없다. 바람이 불어도 통장수는 돈을 벌지 못할지도 모르지만, 눈 나빠지는 사람은 제법 있을지도 모른다. 그런 기대에 의거하여 실행하는 것이 인지조작이다.

더욱 주의해야 할 것은, 우리들의 감각에서 보면 인지조작은 놀랄

---

* 바람이 불면 통장수가 돈을 번다 : 일본 속담. 무슨 일이 일어나면 돌고 돌아서 뜻밖의 곳에 영향이 미친다는 뜻. 바람이 분다 → 모래가 날린다 → 모래가 사람의 눈에 들어간다 → 장님이 많아진다 → 장님이 삼미선(고양이 가죽으로 만든 일본 악기) 연주로 돈을 번다 → 삼미선 만드는 데 고양이 가죽이 필요하게 된다 → 고양이가 감소한다 → 쥐가 늘어난다 → 쥐가 통을 갉아 먹는다 → 통 주문이 증가한다 → 통장수가 돈을 번다. 이런 논리 전개에 따라 나왔다.

정도로 오랜 기간에 걸쳐 전개되고 영향을 미친다는 점이다. 이것도 인지조작을 파악하기 어렵게 하는 이유 중의 하나다. 에이즈에 관한 최초의 보고는 1981년이니까 직접, 간접으로 10년 가까이나 소문이 계속 흐른 셈이 된다. 소련연방이 붕괴하지 않았다면 KGB가 실행한 인지조작이라는 것조차 증명하지 못한 채 지금도 작전이 계속되고 있었을 것이다.

결국 인지조작은 절반 이상이 그 배경 사정, 당사자의 이해, 동기, 정보가 표면화하는 시기 등 정황증거 상으로 공작의 도식을 추측할 수 있는 데 불과하다고 할 것이다.

인지조작의 효과

　제1장의 '파라다이스 아일랜드'에서 볼 수 있는 심리공작으로 돌아가자. 사실을 말하면 MACVSOG에 배속된 CIA의 심리전 요원은 1966년까지 13명에서 9명으로 감원되었다. 그 소수의 심리전 요원의 질도 한결같지 않았고 베트남의 언어, 문화, 역사, 현재 상황에도 불구하고 밤샘하는 사람은 거의 없었다고 한다. 그도 그럴 것이 CIA에서는 심리전 부문 근무가 엘리트 코스라고 간주되지 않았던 것이다(제1장 주1의 133쪽).

　여러 가지 작전이 행해졌지만 통일적인 심리전 계획(마스터플랜)이 결여되어 있어(같은 주 137, 166, 167쪽) SSPL의 날조를 비롯한 대규모적인 심리공작은 최종 목적을 달성하기에는 어중간한 성격을 가지고 있었다.

　SOG의 심리작전은 북베트남에서 비폭력적인 반정부 활동을 지원하는 것밖에 인정받지 못했다. 더 나아가 북베트남의 민중에게 정권 전복을 위한 무력투쟁을 촉구하는 것을 금했다. 미국 정부는 심리전 실행을 허가하는 한편, 미국이 파괴 활동이나 비정규전에 의한 정권 전복을 획책하고 있다는 인상을 하노이 정권에게 주는 것을 바라지 않았다(같은 주 138, 148, 163쪽). 바꿔 말하면 가공 조직 SSPL이 현실의 저항운동으로 전화하는 것을 피한 것이다.

이처럼 철저하지 못한 활동으로 시종일관한 것은 '헝가리의 교훈' 때문이었다고 한다. 1956년 헝가리 사건 때 CIA는 「라디오 프리 유럽」 등을 통해 반정부 활동을 선동하고 미국 개입이 진행되고 있다는 소문을 흘렸다. 그러나 미국은 행동하지 않았으며 소련에 의한 탄압을 간과했다. 미국은 결국 소련과 충돌함으로써 발생할 수 있는 핵전쟁의 위험을 피하기 위해 행동하는 것을 두려워한 것이다. 1956년 이후 CIA는 적성지역에서 이런 심리공작을 시행하는 데 극히 신중해졌다(같은 주 164, 165쪽).

놀라운 것은 CIA는 당시 PSYOP의 정석인 작전의 영향 평가도 하지 않았다는 것이다(같은 주 167쪽). 철의 장막 저편의 경찰국가에서 정보를 수집하는 것은 불가능하며, 설령 심리공작이 효과가 있어도 하노이 정권이 그것을 스스로 공표할 리 없다는 것이 이유인 것 같다. 그러나 실제로는 하노이 정권은 미국의 심리공작에 민감하게 반응해 내부 통제를 점점 강화했으며(같은 주 168쪽) 그것을 선전으로 표명하기도 했다. 평가는 불가능한 것이 아니었으며, 공산주의 정권을 의심에 빠뜨린다는 CIA의 당초 목적도 어느 정도 성공했던 것이다 (같은 주 171, 172쪽).

한편 하노이 정권은 SSPL이 미군이 날조한 가공 조직이라는 것을 서서히 헤아려 1967년 6월 베트남 공산당의 이론기관지 기사를 통해 그 허구성을 폭로했다(같은 주 169, 170쪽). 관점을 바꿔보면 SSPL의 환상이 확대되는 것을 하노이 정권이 기피했다는 것을 보여주었다.

그러다가 평화 교섭을 개시하자는 북베트남의 요구에 응해 1968년 11월 CIA는 심리전 작전을 중지했다(같은 주 172쪽). 현실적으로 비공식 심리공작에 흑마술과 같은 요소는 없다(같은 주 129쪽). 기발한 SSPL작전을 비롯한 갖가지 심리공작은 전체적으로 보면 실패로 끝났다고 평가하지 않을 수 없을 것이다.

기만공작의 전형적인 예로 들 수 있는 민스미트(Mincemeat)에 대해서도 '제2차대전사(史)에 관한 독일위원회' 의장을 역임한 클라우스 유겐 뮬러(분데스베르 대학 근현대사 교수)는 '첩보 관계자는 자신이 관여한 공작의 성과를 과대평가하는 경향이 있다' 면서 작전의 효과를 거의 부정했다.[16] 일반적으로 작전과 결과의 인과관계는 간단히 설명할 수 없는 경우가 많다. '작전 입안자인 유원 몽타규(이 책 42, 43쪽)는 나치스 독일 중추의 의사결정 과정에 대해 충분히 검증하지 않은 채 기만공작의 효과를 판정했다' 고 뮬러는 비판했다(주16의 302쪽).

한 마디로 말하면 독일 당국도 연합국측에 의한 기만공작 가능성에 대해서는 당연히 경계하고 있었다. 그럼에도 불구하고 독자적인 전략·전술관과 유럽 정세 전체를 고려한 종합적인 판단에서 당시의 전력 배치가 결정되었다는 것이다(같은 주 308, 313쪽). 결과적으로 독일은 시칠리아 섬에서 패퇴하였으나 그것은 민스미트 작전의 성공에만 의한 것이라고는 단정할 수 없다는 것이다.

일반적으로 은밀한 액션이 전술적으로 성공해도 전략적인 성공을 초래한다고는 할 수 없다. 최근의 이라크전에서 미국은 교묘한 심리전을 전개해 이라크군의 저항을 막아냈다. 하지만 전후 점령정책에서 심리공작이 민심 장악에 성공을 거두고 있다고는 도저히 말하기 어렵다.

인지조작은 틀림없이 존재한다. 그러나 그 효과를 정확히 측정하여 기술하는 것은 어렵다. 인지조작은 특정한 상황을 귀결시키는 하나의 동기는 될 수 있어도 유일한 원인은 아니기 때문이다. 기타 갖가지 우연적인 사건이나 요소가 모여 비로소 그 효과가 표면에 나타난다. 종자를 뿌리지 않은 곳에는 결실을 맺지 않지만 종자를 뿌렸다고 해서 반드시 결실이 맺어지는 것은 아니다. 결실을 맺기 위해서는 그 나름의 기상 조건이 갖추어져야 할 것이고 토양 자체도 비옥해야 하는 것이다.

인지조작의 순서

미육군의 한 전직 대령은 정보작전(IO)에서 인지조작의 순서로 12가지 작업을 들었다.[17] 즉, '임무의 분석' 관련 정보의 철저한 수집' 'IO의 목표 결정' '각 부문의 목표 결정' 'IO 대상의 특정' '대상이 되는 청중에 관한 상세한 정보 입수' '우호적 정보 테마의 검토(예를 들면 무장 봉기의 저지가 목표라면 대체적(代替的)으로 평화적 데모는 허용된다는 취지로 선전하는 것 등)' '약점의 특정(예를 들면 대상이 경제 원조를 원하고 있는 경우에는 민주주의의 지지를 조건으로 경제 원조를 하겠다는 취지로 선전하는 것 등)' '교과 측정 수단의 검토' 'IO계획의 기초' 'IO작전의 실시와 관찰' '계획의 평가' 이다.

PSYOP의 교과서들에 게재되어 있는 표준적 절차와 개념이 일치하지만, 이 문서는 구체적인 예를 바탕으로 가공(架空)의 케이스를 설정하였으며, 각 과정의 주의사항을 생생하게 언급하고 있다.

더구나 앞의 순서는 시계열(時系列)의 폴로차트 등이 아니고 실제로는 상황의 다이내믹한 변화에 유연하게 대응해야 한다는 주(注)를 달고 있다.

제3장

중국·한반도

중국의 심리전 현대화 / 중국의 인지조작 / EP-3 충돌사건을 통해 본 중국의 인지조작 원칙 적용 / 남·북한에서 본 이라크 전쟁 / 대남 심리전략·전술 / 북한에서 본 미국 심리전 / 위안부 결의 문제 / 세계항일전쟁사 보전연합회의 활동 / 헌금액의 비율 / 납치 문제를 둘러싼 북한의 인지조작 / 한국 내에서의 영향 / 미국 미디어에 대한 파급 / 인지조작의 기폭점 / 일본 정부의 대응 / 슈퍼노트 CIA 위조설의 불가사의

중국의 심리전 현대화

심리전이 육·해·공을 잇는 제4의 전쟁(이 책 52쪽)이며, 신시대에 중국의 전략적 정책에서 큰 역할을 한다는 인식은 이미 1994년 11월「해방군보」기사에 나타나 있다. 그 기사에는 국력을 과시하기 위해 이용 가능한 모든 수단을 채택해야 한다고 기술되어 있다.(1)

2004년 4월 21일자「신화망(新華網)」기사는 '심리전을 전개하는 것은 인민해방군의 오랜 전통이다'고 했다. 그에 비해 의외로 오랫동안 중국 군대에는 전문 심리전 부대가 존재하지 않았다. 그런데 2004년 당시 이미 '각 대군구(大軍區) 전부에 심리전 시험부대를 창립하고 군사대학에 심리전과(科)를 설립하였으며 심리전연구소를 설치했다. 중국군이 육성, 훈련한 제1진 심리전 장교·사관은 이미 육·해·공 3군에 배치되어 있다'고 한다.(2)

중국 산시성(山西省) 양천시(陽泉市) 예비역 심리전 중대 창립 대회의 모습.
(출처 : 양천시 공상(工商)행정관리국 HP, http://www.yqaic.gov.cn/picnews196.htm)

「해방군보」 등의 기사를 보면 미군은 '4개의 심리전 그룹, 12개의 심리전 대대, 22개의 심리전 중대 등 총 7만여 명을 편성해 매년 25억 달러를 사용한다'고 한다(2001년 8월 8일자 「해방군보」 인터넷판 기사 등[3]). '제4심리전 그룹은 인쇄·음성·화상 자료의 제작, 전술 방송 등의 선전활동에 종사할 수 있으며 현재 400명의 언어 전문가가 있어서 35종류의 언어를 사용할 수 있다'고 한다(2003년 10월 8일자 「인민망(人民網)」 기사, 제1장 주24).

인민해방군은 미군의 심리전 능력, 특히 최근 이라크에서 '유사 이래 최대 규모의 심리전'을 전개한 데 주목했다. 예를 들면 미군이 이라크에 2,900만 매 가까운 선전 전단을 투하하여 이라크 군·민에게 전쟁을 포기하도록 촉구하면서, 동시에 이라크 영내에 스파이를

잠입시켜 시기를 보다가 악선전을 유포, 이라크 국민의 심리상태를 교란시킨 활동에 주목한 것이다.⁽⁴⁾

심리전의 하이테크 이용에 대한 관심도 높다. 즉, 컴퓨터 기술의 신속한 보급과 발전에 힘입어 미디어에서 화상과 음성의 합성 기술이 매우 발달한 결과, 배경 화상을 바꾸거나 음성을 가공할 수 있다. 이 기술들을 군사 심리전에 이용하면 전례 없는 효과를 발휘한다 (2001년 4월10일자「해방군보」인터넷판 기사⁽⁵⁾). 또 '네트워크 심리전'은 심리전의 '새 영역'을 개척하고 '미래의 전쟁'에서 반드시 '보통 이상의 위력을 발휘한다'고 예측되는데 그 '연구와 운용은 이미 세계 각국이 매우 중시하는 문제가 되었다' (2002년 12월18일자「해방군보」인터넷판 기사⁽⁶⁾). 미 국방장관에 의한 '중화인민공화국의 군사력에 관한 연차 보고'(2004년도)는 '중국·대만 분쟁이 일어나면 중국은 지역뿐만 아니라 전 세계를 향해 강력한 인지조작 캠페인을 전개하여, 대만의 저항 의지를 감쇄하고 중국의 군사행동을 정당화하여, 미국의 개입을 억제할 가능성이 높다'고 지적했다. 또 '공격에 앞서 중국의 정보 작전(IO) 요원이나 특수부대, 첩보원이 정보수집과 중요 기반의 파괴'를 실행할 것이라고 예측했다.⁽⁷⁾

한편 중국은 미군 심리전에 대해 '주로 강제성의 심리전과 선전성의 심리전 두 가지 양식을 채택하고 있으며 경(硬)·연(軟)이 서로 결합해 있다. 강제성의 심리전은 군사적 타격 등 고강도의 작전 수단으로 적에게 감정, 동기, 이지(理智)와 행위를 바꾸도록 강요한다'

(2003년 10월 8일자 「인민망」 기사)고 보고 있다.

중국은 대(對)인공위성무기(ASAT)의 실험(2007년 1월에 중국 정부가 성공을 발표)에서 입장을 바꿔, 같은 해 3월에는 우주 군사이용 금지 조약의 조기 제정을 국제연합 우주공간 평화이용 위원회(COPUOS)에서 제안했다(같은 해 3월29일자 「인민망」 일어판 기사). 일련의 과정은 '강제성의 심리전'의 관점에서 고찰해 볼 필요가 있다.

즉, 중국의 같은 제안은 2002년으로 거슬러 올라가, 그 수년 전부터 우주무기 시스템 금지를 요구하는 소리가 미국 내에서 높아짐에 따라 행해진 개연성이 있다. 중국은 2001년 이후 대미 ASAT를 비밀리에 배치할 것을 주장하는 도발적인 여러 서적의 발간을 인민해방군 장교에게 허가했다. 이것은 미국 의회·여론의 정책 논쟁에 영향을 미치고, 미국 미사일 방위의 진전을 견제하려는 의도였는지도 모른다.[8] 우주의 평화적 이용 그 자체는 지극히 타당하며 거부하면 비판을 피할 수 없다는 스토리가 전면에 나타나 있는 것이다.

중국 정부는 지금부터 20년 내지 30년 동안 미국과 군사적으로 경합하는 것은 불가능하다고 인식하고 있다. 실제로는 기술적으로 더 차이가 날 가능성도 있다. 따라서 미국의 무력화(無力化)를 도모하기 위해 국력의 강화와 국제적인 동맹의 발전에 집중한다는 차선의 대책을 취하고 있다. 그 목적으로 활용하는 것이 바로 인지조작인 것이다(제2장 주8의 12쪽).

중국의 인지조작

앞에서 든 '중국의 인지조작 이용'이라는 논문은 '중국이 국제사회에서 긍정적인 이미지를 형성하는 이유의 하나는 그 인지조작의 효과적인 실행에 있다'(제2장 주8의 1쪽)고 지적했다. 또 2001년 4월 미 해군의 EP-3 전자정찰기와 중국군 전투기 F-8이 충돌한 사고를 들어 인지조작의 영향을 검토했다.

이 논문에 따르면 중국 정부는 구 소련처럼 '악의 제국'으로 취급돼, 미국에 의한 봉쇄 대상이 될 것을 두려워했다. 결국 외교적 방법과 소극적 군사 자세를 취함으로써 분쟁을 억제하고 그 목표를 달성했다. 그 때 중요한 수단이 된 것이 인지조작이다(같은 주 5쪽).

조작과 기만은 역사적으로 중국 문화의 일부이며, 중국의 군사 엘리트들은 손자의 '싸우지 않고 적군을 굴복시킨다'는 개념을 널리 공유하고 있다. 이 같은 개념은 단순한 기만의 영역을 초월해, 현실에 대한 인지를 직접 조작하여 중국에 유리한 인지를 창출하는 훨씬 세련된 작업인 것이다(같은 주 5쪽).

인지조작 실행에서 키(key)가 되는 것이 미디어다. 중국 정부는 오랫동안 프로파간다 내지 정보조작을 중시해 왔다. 중국은 주로 국영 또는 정부의 관리 하에 있는 미디어(예를 들면 국영 신화사)를 통해 정책에 대한 견해를 해외로 전달한다(같은 주 5, 6쪽).

그래서 2001년 4월 1일 발생한 EP-3건에서 중국의 인지조작을 검토하기 위해 이 논문은 같은 날로부터 같은 해 11월 20일까지 「뉴욕 타임스」와 「신화사」 기사의 헤드라인(표제)을 계량적으로 정리, 분석했다(같은 주 6~10쪽). 또 일정한 가설에 입각해 '중국의 인지조작 캠페인은 최종적으로 「뉴욕 타임스」의 보도에 영향을 준 개연성이 있다'(같은 주 10쪽)고 결론 내렸다.

분석의 결과, 몇 가지 특징적인 사실이 인정됐다고 한다(이 책 109쪽 이하 참조). 신화사가 보도를 개시할 때까지 「뉴욕 타임스」는 EP-3에 대해 기사 제목으로 '비행기' 라고만 표기했다. 그런데 신화사가 미국의 첩보활동이나 패권주의에 초점을 맞춘 기사를 보도하기 시작하자 '스파이기(機)'로 표현을 바꿨다(같은 주 6쪽).

신화사는 충돌 사건의 초점을 비켜가면서 중국에게 유리한 방향으로 위기가 해결되자 마지막에는 미·중 사이의 관계개선을 주장하기 시작했다. 사건을 이용하면서 자국의 주권을 침해한 국가에도 관용을 베풀겠다는 의지를 과시한 것이다(같은 주 10쪽).

EP-3은 비행 계획에 따라 공해 위를 비행하며 공공연한 정찰활동을 하고 있었다. 조난 때는 관제탑(clearance)의 승인 없는 착륙을 허가하는 국제법에 따라 중국령에 긴급 착륙했다(같은 주 9쪽). 실은 사건 3개월 전 미 태평양군사령관은 중국기의 공격적인 활동에 우려를 표명하고 중국 정부에 공식 항의를 제기했다. 사건 전에 중국은 신화사를 통해 EP-3의 감시 비행에 항의하지 않았다. 다시 말해 충돌사건은 오히려 미국에게 유리하게 보도될 수 있었던 것이다.

그런데 사건 후 중국은 교묘하게 초점을 충돌 원인에서 비켜나 비행기가 중국령에 착륙한 결과를 전면에 내세웠다. 미국의 패권주의가 자국의 해안선에까지 미치고 있다는 취지를 강조했다(같은 주 10쪽). CIA가 지적하듯이 일단 잘못된 가정이 설정되면 그것을 번복하려면 처음에 가설을 잘 설정하는 것보다도 더 많은, 더 신뢰도가 높은 정보가 필요하다(같은 주 11쪽).

EP-3사건은 그 후의 정책 결정에도 영향을 미쳤다(같은 주 11쪽). 9·11 후 아프가니스탄에서 첩보활동을 위해 무인 정찰기를 도입할 필요가 생겼다. 그런데 2001년 11월23일자「월 스트리트 저널」기사는 '백악관과 국무성은 미국 스파이기가 중국령에 추락했어도 여전히 미성숙한 태도로, 무장한 무인기(無人機)가 충돌하거나 발견될 경우의 국제적인 반향을 두려워하고 있다' 고 보도했다.

강조해야 할 것은 'EP-3은 추락한 것이 아닌지도 모른다' 는 것뿐 아니라 항공 정찰에 수반되는 국제적 사건에 대한 개념이 언급되어 있는 점이다. 즉, 미국 자신이 중국의 주장을 내면화해버렸다(같은 주 12쪽). 어느 새 중국이 제시한 스토리를 수용하여 그 스토리에 따라 현실을 판단한 것이다.

EP-3 충돌사건을 통해 본 중국의 인지조작 원칙 적용

- *맥그루더(MacGruder)의 원칙 – '미국은 제어 불능한 패권국이다'는, 다방면에 걸쳐 있는 기성 관념을 중국은 이용했다.
- 조절의 개념 – 예를 들면 중국은 남지나해가 중국 영향권에 있다는 개념을 일관되게 내세우고 있다.
- 진실의 이용, 정보의 컨트롤 – 중국은 EP-3 탑승원을 11일간 구속하고 정보의 흐름을 컨트롤했다. 중국은 3일 동안 탑승원에게 미국과의 연락을 허가하지 않았다. 그 결과 중국은 사실에 관한 정보를 완전히 통제해 미디어에 의한 보도의 흐름을 결정할 수 있었다.
- 피드백의 메커니즘 – 「뉴욕 타임스」를 보면서 중국은 자신들의 주장이 어느 정도 미국에서 보도되고 있는지를 판단할 수 있었다.

* 맥그루더의 원칙 : 적이 이미 가지고 있는 신념을 조작하는 것이 허위 증거를 제시하여 바꾸는 것보다 용이하다는 원칙.

- '원숭이 손'의 원칙 – 중국은 미국과의 직접적인 군사 충돌을 회피하기를 희망했다. 중국 정부는 최종적으로 '미국은 모든 정찰 비행을 중지해야 한다'는 요구를 취소하고 미국의 사과와 EP-3의 해체를 받아들였다.
- 전체 설계 – 중국은 그 메시지를 준비하는 데 약 2일이 걸렸다. 그런데 일단 실행에 옮기자 중국 정부는 정보를 통제하고 탑승원에 대한 미국 미디어의 취재를 엄격히 제한하여 모순된 정보가 유출되는 것을 방지했다(제2장 주8의 3~4쪽).

남·북한에서 본 이라크 전쟁

　그런데 이라크전에서 심리공작의 여러 가지 양상에 주의를 기울인 나라는 중국뿐이 아니다. 한국 국방연구원의 김정익 연구위원은 '이라크 전쟁이 한국 안보에 미치는 영향[9]'이라는 논문에서 '강력하게 저항할 것으로 예상된 이라크 공화국 방위대가 스스로 와해돼 무기와 군복을 버리고 민간인 복장으로 도주하여' (주9의 61쪽) 미군이 시가전도 없이 바그다드를 점령한 것 등을 들어 「충격과 공포」라는 작전명에도 나타나 있듯이 미국은 공포와 심리전을 이용해 최소한의 피해로 전쟁을 승리로 이끌었다' (같은 주)고 지적했다.
　북한문제연구소의 백홍옥 상임연구원도 '이라크 전쟁과 민사 작전의 교훈[10]'이라는 논문에서 이라크에서의 미국 심리전을 분석하고, 한반도에서의 민사작전 수행 과정에서 '적에게 「이길 수 없는 전쟁」이라는 것을 확인시킬 수만 있다면 그 전쟁에서 승리한 것과 같다는 교훈' '독재 군대의 「충성 결의」나 「결사적 항전」 등은 명백한 패전 상황 앞에서는 무용지물이라는 귀중한 교훈'(주10의 84쪽)을 얻을 수 있었다고 말했다.

한편 '심리전 - 미제의 침략과 지배의 교활한 수법'이라는 제목의 2003년 5월 15일자 북한 「노동신문」 기사[11]는 다음과 같은 구체적인 예를 들면서 이라크전의 승인(勝因)은 미국의 심리전에 있다고 지적했다. 즉, 미국은 타리크 아지즈(Tariq Aziz) 전 이라크 부수상에 대해 '그가 망명 의사가 있다'고 허위 선전을 했다. 그러자 아지즈는 자신의 결백을 증명하기 위해 기자회견을 열었으며 그 후 사담 후세인을 비롯한 이라크 지도부가 있는 비밀 방공호를 찾아갔다. 그 때 수행했던 CIA의 협력자가 즉시 그 위치를 미국에 통보했다. 정보를 제공받은 부시 대통령은 결국 이라크 공격 계획을 수십 시간 앞당겨 이라크 지도부가 있는 장소에 대한 무차별 공격을 명령했다. 이렇게 하여 이라크전이 시작되었다.

이 기사는 이라크전의 교훈으로 '미제의 기만적이고 위선적인 선전에 귀를 기울이면 신념이 흔들려 조국과 인민을 배신하는 길을 걷게 된다' '미제의 심리전, 사상적 와해 책동에 단호한 혁명적 공세로 대처하지 않으면 어떤 대결에서도 승리할 수 없다'고 주장했다.

개전(開戰) 경위에 대해 같은 해 3월21일자 「키타홋카이도 신문」 조간 기사도 똑 같이 전했다. 다시 말해 공격 계획이 갑자기 앞당겨진 이유에 대해 'CIA가 가짜 정보를 의도적으로 흘려 부수상 자신이 기자회견에 나타날 때 반드시 후세인 대통령과 연락 취할 것을 예측하여 이라크 지도부가 모이는 장소를 특정했다는 견해'가 있다는 것이다. 망명 보도는 실로 '미국이 후세인 대통령에게 48시간 이내의 망명을 요구한 최후통첩의 마감 직전인 19일 저녁'(같은 달 23일자 「아사히신문」 조간 기사)이라는 절묘한 타이밍을 잡아 이루어졌다.

CIA는 사실상 망명 정보가 많든 적든 상호불신의 씨앗을 심고, 조만간에 혼란을 야기해 어떤 형태로든 지도부를 약체화한다는 것을 생각하고 있었다. 하지만 아지즈 부수상이 반드시 기자회견을 열고 즉시 후세인에게 달려간다는 것까지는 확신하지 않았는지는 모른다. 그렇지 않고서는 개전 시각을 직전에 변경한 데 대한 설명이 안 된다. 이라크측이 심리전의 진의를 꿰뚫어보고 대책을 강구할 가능성도 충분히 있었다.

당시 CIA가 실행했다고 볼 수 있는 심리공작은 이 한 건만이 아니다. 이 건은 인지조작의 인과(因果)를 둘러싼 실상-즉, 갖가지 불확정 요소를 내포하면서도 대국적으로는 소기의 목표에 수렴시킨다는 교묘함-을 언뜻 보여주는 사례라고 생각된다. 동시에 단순한 스토리라도 조건이 갖추어지면, 어떻게 물리적 파괴력을 수반하는지를 보여주었다. 북한은 이 같은 스토리의 위력을 경계하고 있음이 분명하다.

대남 심리전략 · 전술

한국군 합동참모본부 민사심리전참모부 심리전계획과의 김용만 육군 소령은 2003년 7월의 '북한의 대남 심리 전략·전술의 실체와 대응⁽¹²⁾'에서 남·북한을 통일해 북한 정권을 수립하는 것이 북한의 최대 목표이며 대남 심리전략·전술도 이에 초점을 맞추어 진행하고 있다고 했다.

이 논문에 따르면 북한은 한국전쟁 이래 '겉으로는 위장의 평화 심리전을 구사하면서 암암리에 무력 남침을 감행하는 이른바 「외담내타(外談內打)」라는 이중적 대남 심리전략·전술'을 구사하고 있다. 북한의 대남 전략이나 군사전략은 중국 공산당의 그것과 밀접한 관계를 가지고 있으며 공산당 슬로건이 항상 '민족'을 강조하는 것은 '민족은 목적 달성의 수단에 불과하다', '그들의 통일전선전술 즉, 공산당 정치의 핵심은 실제로는 위장과 기만이라는 심리적 접근을 통한 공작적 책략' 이다(주12의 171, 172쪽).

　북한도 중국 공산당의 경우와 마찬가지로 '대남 전략을 통상 4단계로 진행한다'고 한다.

- 제1단계 : 대북 적개심 해소. 민족을 강조하여 대남 전략을 시작한다. '민족 공조' '자주' '자주통일'이라는 말을 빈번히 사용한다.
  현재 전쟁 경험이 없는 대부분의 한국인은 이른바 '적색 공포증'이 없다고 해도 과언이 아니다. 심지어는 북한의 핵은 한국에는 절대로 사용하지 않는다고 생각하는 풍조가 상상 이상으로 퍼져 있다(같은 주 173쪽).
- 제2단계 : 동조 세력의 확산. 적색 공포증이 사라진 한국인을 대상으로 친북한 세력을 확대한다. 친북한 세력을 통해 서서히 북한의 주장을 내세워 머지않아 한국 정부의 정책을 정면에서 반대하면서 '남남 갈등'을 유도한다(같은 주).
- 제3단계 : 연합 세력의 분리. 제3단계는 제2단계와 동시에 행해지는 경우가 많다. 이 단계에서는 대남 적화에 제일 큰 장애물이 되는 외부 세력을 몰아낸다. 외국 세력 배제와 자주성 회복이 민족적 최우선 과제라고 주장한다. 즉, 주한 미군의 폐해를 전하면서 주한 미군을 민족의 적으로 비난한다(같은 주).
- 제4단계 : 친북한 세력을 한국 내에 최대화시킴과 동시에 한국 중추에 침투시켜 지지 기반을 주변 세력으로부터 핵심 세력으

로 전이시킨다(같은 주 174쪽).

이 논문에 따르면 북한은 이미 제2단계를 달성하고 제3단계가 성숙될 시기라고 판단하는 모양이라고 한다(같은 주).

한편 북한의 대남 전술을 특별한 유형으로 명확히 분류하여 정의하기는 어렵다. 그러나 '그들이 사용하는 용어를 중심으로' '그들의 본질과 저의를 중심으로 기술' 하면 '북한의 대남 전술은 크게 인식 혼란 전술, 연합·분리 전술, 양면 전술' 등으로 이해할 수 있다고 한다(같은 주).

- 인식 혼란 전술 : '적이 아닌 같은 민족 공동체'라는 인식을 심음으로써 북한에 대한 적개심(이른바 적색 공포증)을 해소시켜 '인식 혼란'을 유도한다. 그렇게 하기 위해 북한은 '용어 혼란 전술'을 채택하고 있다. 예를 들면 '민족 공조' '자주' '자주통일' 개념이 그것이다. 북한 내부 학습자료를 종합해 보면 그들이 주장하는 '자주' '자주통일' 이 동일 용어라고 해도 한국의 개념과 어떻게 다른가를 안다. 이 같은 용어 혼란 전술은 교묘한 선전·선동 과정이어서 상당히 많은 젊은이들의 긍정적 지지를 받고 있는 것이 현실이다(같은 주 174, 175쪽).

- 연합·분리 전술 : 대남 전술의 핵심 부분이다. 대남 적화의 장애물(주한 미군)을 제거하는 것이 연합·분리 전술의 궁극적 목적이다. 이 전술에 제일 적합한 무기가 '민족' 이다. 북한은 한국과의 대화나 교섭에서는 항상 민족을 전면에 내세운다(같은 주

175, 176쪽).

- 양면전술 : 북한의 양면전술은 외교적 책략에서 특히 많이 사용되는 핵심적 전술이다. 우선 '강력한 위협(대량파괴 무기 등)을 통해 전쟁 공포 심리를 유발한다. 그와 함께 내부적으로는 외국 세력에 대한 증오와 복수심을 고취시켜 사상적 단결을 촉구한다.

 무력 위협이 클수록 무력 대응보다는 교섭을 통한 평화적 해결이 가장 적절한 대처라고 하는 여론의 압력이 높아진다. 이런 방법으로 북한은 첫째로는 국제관계를 주도하면서 경제협력 등의 부가적 이익도 동시에 차지하는 전술을 구사하고, 둘째로 북한 내부에 김정일의 대외 교섭 능력을 과시하고 단결을 강화한다.

 한편 한국을 포함한 주변국에는 경제 지원이나 협력을 통해 전쟁을 회피하고 싶다는 안도감, 대체적 보상심리를 갖게 하여 긍정적인 여론의 지지가 정책 집행자에게 집중되도록 작용한다(같은 주 176, 177쪽).

이 논문은 '남·북한은 지금도 심리전쟁을 하고 있다'고 지적한다. 남·북이 대화의 문을 열고 경제협력을 활발히 진행하는 것과는 별도로 북한은 대남 심리전을 포기하지 않고 있다. 북한 정권이 소멸되지 않는 한 영원히 대남 심리전을 지속할 것이다. 북한처럼 예측 불가한 무력 집단과 대치하고 있는 한반도 상황에서는 유형적 군사력의 확보뿐만 아니라 무형적 심리전의 역할과 기능은 대단히 중요하다. 오히려 현재 심리전을 중심으로 한 국가 및 군사적 대응 전략·전술을 개발하여 발전시켜야 한다(같은 주 177쪽)는 것이다.

북한에서 본 미국 심리전

북한 외무성 대변인은 2004년 12월13일 미국이 '어용 언론 매체와 어중이떠중이'를 이용해 '(김정일의) 초상화를 철거했다' '지도부 내에서 혼란이 일어나고 있다' '일반 주민들에 이어서 130명 남짓한 군 장교와 고위 관리까지 탈북 했다' 등의 흑색선전을 흘리고 북한 내에 '소형 라디오를 대량 투입'하기도 하고 선전방송을 강화하여 '체제 전복'을 노린 심리 모략전을 한층 더 악랄하게 전개하고 있다고 비난했다(같은 날 발(發) 「조선중앙통신」 기사[13], 같은 날짜의 「인민망」 기사[14]).

이런 종류의 반응은 심리전 공작자에게 작전 효과를 판정하는 중요한 재료를 주고 만다(이 책 247쪽). 북한도 그런 점을 의식했는지 원래 미국이 주도하는 모략전에 대해 하나하나 반론할 필요를 느끼지 않는다고 하면서도 '우리들의 「근간」을 뒤흔들려고 시도한 이상 일단 한 마디 한다'는 취지로 양해를 구했다(주13).

같은 해 4월에는 용천(龍川)역 열차 폭발사고, 같은 해 9월에는 양강도 김형직군(郡)에서 '수수께끼의 대폭발'이 발생했으며, 반체제 조직의 존재 및 관여 여부가 가려지고 있었다(2004년 4월24일자 「요미우리신문」 조간 기사, 같은 해 9월13일자 「산케이신문」 오사카 판 석간 기사). 같은 해 8월에는 부시 대통령이 김정일을 '폭군'이라 평가하고 북한은 '부시야말로 히틀러를 능가하는 폭군 중의 폭군'이라고 반발한 일도 있었다(같은 해 8월23일자 「요미우리신문」 석간 기사).

부산 아시안게임을 방문한 북한 미녀 응원단. 주12의 논문에는 이것을 '이른바 「여색 심리전」이 민족적 정서를 자극했다'(같은 주 173쪽)고 설명하고 있다. [제공 : 한겨레신문사]

잇따른 사고(또는 사건)에 즈음해서 미국이 체제를 흔드는 심리전을 강화했던 것으로 추측되며, 북한은 이에 신경을 날카롭게 세웠던 것을 엿볼 수 있다.

위안부 결의 문제

2007년 1월 미국 민주당의 마이켈 혼다 하원의원 등이 일본 정부에 대해 종군위안부 문제에 관한 사죄를 요구하는 결의안을 재제출하였다. 이 결의안은 같은 해 7월 30일 미 하원 본회의에서 가결됐다. 일련의 경과를 관계국에 의한 인지조작의 관점에서 검토해 보자.

그런 점에서 무시할 수 없는 것은 혼다 의원의 활동이 실제로는 한국계 단체보다 중국계 단체의 강한 영향을 받았다고 지적한 일련의 산케이신문 보도다.

즉, 같은 해 3월15일자 산케이신문(코모리 요시히사 기자의 기명 기사)은 미국 연방선거위원회의 기록이나 민간 정치자금 연구기관인 '책임정치센터'(CRP)의 발표를 기초로 한 취재 결과를 근거로, 혼다 의원은 중국계 정치헌금에 대한 의존도가 이상하게 높고 중국계 헌금자들 중에는 중국 당국과도 결부된 재미 반일단체 간부 다수가 연명되어 있다고 지적했다.

그 '재미 반일단체'의 하나인 '세계항일전쟁사 보전연합회(世界抗日戰爭史實維護連合會)'는 공식적으로는 1994년에 해외 화교, 중국계 주민에 의해 창설되어 본부를 캘리포니아주에 두고 있다. 하지만 실제로는 중국 국영 신화사 통신과 웹사이트를 공유하는 것 외에도 중국의 공적 조직과 공동 주최 형태로 일본 비판 세미나 같은 행사를 중국 내에서 빈번히 여는 등 중국 당국과의 밀접한 유대를 뚜렷이 드러냈다(같은 날짜 「산케이신문」 조간 기사).

이 연합회는 1997년에는 아이리스 장이 쓴 〈레이프 오브 난징(The Rape of Nanking)〉을 조직을 동원해 선전했으며, 2005년 봄에는 일본의 유엔 안보리 상임이사국 진출 움직임에 반대하는 서명을 세계적 규모로 받은 후 중국 내부에서의 반일 데모를 부추긴 행적도 있다. 더구나 같은 해 말에는 '클린트 이스트우드 감독이 난징 학살을 소재로 한 영화를 만든다'는 테마를 흘려 2006년부터는 난징 사건의 다큐멘터리 영화 선전에 힘을 쏟고 있다(같은 기사)고 한다.

더구나 혼다 의원은 본회의에서 결의안이 채택된 2007년 7월 30일의 기자회견에서 '중국 정부로부터 지령을 받지 않았다'고 강조했다. 모두(冒頭) '감사'의 대상으로 맨 먼저 '연합회'의 이름을 들어 '동 단체의 주창이야말로 내게 정보와 추진력을 주었고 캘리포니아주 의회에서 공동 결의를 채택하게 했다'고 말했다(같은 해 8월 3일자

「산케이신문」조간 기사). 이 기사는 '진정한 추진력이 (한국계 단체가 아니라) 중국계의 항일연합회라는 것을 우연히 명시했다'고 보도했다.

코모리 기자의 일련의 보도는 네트워크상에서 치열한 찬반 논란을 일으켰다. 비판하는 사람들은 공들인 일련의 기사와 인용처의 영문 기사 등을 비교하면서 몇 가지 미세한 오역이나 오인 혹은 왜곡을 지적했다. 그 지적에는 타당한 것이 포함되어 있다. 한 예를 들면 앞의 CRP(the Center for Responsive Politics)는 기사 중 '책임정치센터'라고 번역되어 있는 부분의 responsive를 responsible로 교체하고 있음이 분명하다.

또 '미군용 위안부'에 관한 같은 해 5월 6일자 「산케이신문」 오사카판 조간의 기명 기사는 이 문제에 대응하는 혼다 의원의 모습을 언외로 비판했다. 그런데 그 전제가 되는 '미군용 위안부'의 강제성에 관해 중요한 정정을 했다(같은 달 22일자 조간에 '정정'을 게재). 이것은 AP통신이 '미군의 허가'라고 보도한 것을 '명령'으로 인용한 오보이다.

뒤에서 언급하는 바와 같이 '중국계 정치 헌금에 대한 의존도가 이상하게 높다'고까지 평가할 수 있는 것인지에 대해 약간 미묘한 느낌이 드는 것은 부정할 수 없다.

세계항일전쟁사 보전연합회의 활동

그렇지만 위안부 결의안 채택이 세계항일전쟁사 보전연합회가 주도한 운동이며 혼다 의원이 그 활동에 응했다는 것은 다름 아닌 중국 국내 보도에 비추어 봐도 의심의 여지가 없다.

2007년 6월21일자 '「위안부」 진상의 국제전'이라는 제목으로 된 「신화망」 게재 기사[15]에 의하면, 같은 달 26일에 미 하원 외교위원회에서 결의안을 채택하게 된 것은 연합회(중국어 약칭으로는 '사유회(史維會)') 등 아시아계 사회단체들의 노력이 배후에 존재하였기 때문이라고 한다. 예를 들면 연합회는 미 전국 각 도시의 분회를 통해 하원 의원과 면담하고 서명을 모았다. 한때 폐안(의결·채택되지 않고 폐지된 의안) 예측이 전해지자마자 각 재미 중국계 미디어가 적극적으로 이것을 다루면서 연합회 등의 격분을 보도하고 민주당에 대한 기부 중단을 호소했다.

혼다 의원에 대한 이 연합회의 영향력은 대단히 컸다. 양자는 정기적인 연락을 유지하며 쌍방의 활동 진전 상황을 파악하고 있었다. 정원(丁元) 연합회 상근부회장은 '우리는 오랫동안「위안부」문제의 홍보와 교육에 종사해 왔다. 그(혼다 의원)는 우리 호소를 잘 들어주었다. 따라서 실제로는 우리의 요구가 있었기 때문에, 처음에 그는 (캘리포니아주 의회에 구 일본군의 전쟁범죄에 대한 사죄·배상 요구안을) 제출한 것'이라고 기술하고 대체로 운동이 연합회에서 발단된 것임을 자인했다.

같은 해 8월5일자「남방도시보(南方都市報)」기사[16]도 마찬가지로 전쟁범죄 추궁 결의안 제출은 1994년으로 거슬러 올라가며 '13년 노력'이 결실을 맺은 것이라고 했다. 기사에서 정(丁)씨는 '마침 적절한 때에 혼다 의원은 연합회 멤버가 많은 선거구의 하원의원이었고, 우리들은 20년 가까이 오래 교제해 온 사이다.[17] 그에게 의안 제출을 요구한 것은 그것이 그의 직무이기 때문이다'고 말했다.

더구나 이 기사에 따르면 정 부회장은 상당히 깊이 그 진의를 언급했다.

〈우리는 당초 미국 입법제도를 충분히 이해하지 못했고, 멀리 도는 길을 걸으면서 몇 가지 과오를 범했다. 1994년 당시 최초의 의회 결의안이 작성되었는데, 이 결의안은 중국 침략, 폭행(난징 대학살, 생물화학전, 위안부, 강제연행)과 연합국군 전쟁포로의 학대에 대해 국가급 사죄(즉 개인이 구두로 사죄하는 것이 아님)를 일본 정부에 요구할 것을 포함한 것이었다. 요점은 동풍(東風, 미국으로부터의 압력)을 이용하고 싶다는 것이었다. 제2차 세계대전의 동맹국인 미국과 미군 포로를 이용함으로써 미국 의회의 지지를 얻어 일본에 압력을 가하는 것이었다. 그러나 과오는 너무 많은 것을 요구했다.〉

기사는 계속해서 다른 문장에서 '왜 「위안부」 문제를 돌파구로 택했는가 하면 여성에 대한 범죄쪽이 한층 더 세상의 주목과 동정을 야기하기 쉽기 때문이다'고 덧붙였다.

혹은 2001년 8월 3~9일자 「아시아 위크」 기사[18]는 당시 마이켈 혼다 의원 외 30명의 캘리포니아주 지방 직원이 난징 등을 방문할 예정이라고 보도했다. 체재 중 일행은 베이징, 상하이, 소주, 난징을 방문할 예정이며 중국인은 혼다 의원의 업적에 대한 감사의 뜻을 전달할 것이라고 전했다. '업적'이라는 것은 1999년에 캘리포니아주 의회에서 일본 정부에 대한 '전쟁범죄 사죄·배상 결의'를 채택한 것을 가리킨다.

중국 방문 준비에 협력한 사람은 샌프란시스코의 법률가로, 캘리포니아주 상원 국제관계기금 이사이기도 한 제프리 창(Jeffery Chang)씨다. 창씨는 혼다 의원에 대한 개인헌금자이며[19] 북캘리포니아 장수(江蘇)·저장(浙江)협회의 법률고문도 맡고 있다.[20] 그는 기사에서 '장수성 정부는 훨씬 이전부터 혼다 의원을 난징으로 초대해 그 업적에 대한 장수·난징 인민의 사의를 표하려고 해 왔다'고 말했다.

혼다 의원은 '중국에도 역사적 오점이 있다는 것을 인식하고 있다. 중국의 인권상황은 개선이 필요하다. 그러나 미국은 그것을 이유로 중국을 고립시켜서는 안 된다'고 지적했다.

헌금액의 비율

앞에서도 언급한 바와 같이 산케이신문의 지적대로 혼다 의원은 '중국계 정치 헌금에 대한 의존도가 이상하게 높다'고까지 말할 수 있는가 없는가는 미묘한 측면이 있다.

2007년 3월 15일자 이 신문 조간 기사에 의하면, 혼다 의원이 2006년 하원의원 선거에서 개인으로부터 받은 정치 헌금(합계 449명, 약 37만 달러) 중 중국계가 94명, 약 11만 달러에 이른다. 헌금 전체에 대한 이 비율은 사람 수로는 21%, 금액으로는 30%가 된다.

약 11만 달러인 '중국계 개인 헌금'은 금액으로는 헌금 총액의 14.4%가 되는 셈이다. 산케이신문 기사에 의하면 혼다 의원의 선거구 주민의 9%는 중국계다. 총액의 46.4%는 PAC헌금(기업이나 노동조합 등이 설치한 정치활동위원회(PAC)를 통한 헌금)이며 그 중 '이데올로기상 또는 단일 문제'로 분류되는 것은 PAC중 3.7%에 불과하다.

또 중국계인지 아닌지는 헌금자의 이름으로 판별한 것으로 추측된다. 그런데 이름만으로는 대만계 중국인도 여기에 포함될 수 있다. 중국계(대만계도 포함) 헌금자 전원이 직접 혹은 간접으로 중화인민공화국의 지시를 받고 있다고는 생각할 수 없다. 중국계 헌금액이 많기 때문에 혼다 의원이 위안부 결의안을 제출했는지 아니면 혼다 의원의 활동 전반이 중국계 주민의 지지·공감을 얻어 결과적으로 그 헌금액이 두드러졌는지는 CRP가 공표하는 헌금 데이터만으로 일괄해서 단정할 수 없다. 헌금 그 자체는 합법이다.

그렇다고 중국계 헌금이 혼다 의원의 정치활동에 영향이 없었다고는 도저히 말할 수 없다. 숫자가 그것을 보여준다고 말할 수 있을 것이다. 혹은 오카자키 히사히코 전 주(駐)태국 일본대사가 지적한 바와 같이 '의원의 선거구용 퍼포먼스에 불과한 것[22]'인지도 모른다. 인권활동가로서 혼다 의원의 사상·신조도 당연히 무시할 수 없다.

가령 중국 정부가 혼다 의원을 프로파간다의 도구로 이용하고 있다고 해도 (혼다 의원의 자각 여부는 불문한다) 중국 정부의 관여를 명백히 뒷받침할 수 있다면 프로파간다의 효과가 감소한다. 즉, 주로 민간 조직 혹은 개인 명의로 실시하는 선전이 '회색선전' 이다. 회색선전은 보통 선전하는 사람의 정체를 표명하지 않고 선전 대상에게 선전자의 신분을 판단하도록 하지 않는다. 회색선전은 「선전」의 의심을 면할 수 있다' '선전자의 평판에 영향을 끼치지 않는다' '관측기구로 작용한다' 등의 특징이 있다(2000년 6월28일자 「해방군보」 전재 기사[23],

회색선전에 대해서는 이 책 39쪽 참조).

더구나 회색선전이라 해도 연합회에 대한 중국 정부의 지시 실태를 밝혀내고 구체적으로 입증하는 것은 실제로는 상당히 어려운 일이다. 순환논법이지만, 회색선전이기 때문에 진정한 선전자의 신분은 단정할 수 없다고도 말할 수 있다.

아무튼 연합회가 당초의 전략을 변경하고 당면한 운동을 위안부 문제로 좁힌 것에 주목해야 한다.

첫째, 위안부 결의는 단순한 단서이며 이후로도 테마를 바꿔 같은 운동을 전개할 것을 시사하기 때문이다. 이 점과 관련해, 주15의 「신화망」 게재 기사는 '위안부 의안(채택 전인 6월21일 당시)이 시민단체 전체의 싸움에서 제1보에 불과하고 장래 구속력 있는 관련 입법을 추진할 가능성을 배제하지 않는다'는 내용을 보도했다. 정 부회장의 구상으로는 위안부 의안 제출은 단순히 전체 계획의 제1보일 것이라고 한다.

둘째, 단순히 위안부가 선전 효과상 다수의 주목을 끌기 때문이라는 이유에 그치지 않고 한반도를 중심으로 결과적으로 여러 나라·단체들의 연대를 낳는 효과를 계산했을 가능성을 생각할 수 있기 때문이다.

그래서 다음에 주목되는 것이 종군위안부 문제에 대한 북한 또는 한국의 대응이다.

납치 문제를 둘러싼 북한의 인지조작

원래 북한은 일본인 납치 문제가 일본 국내에서 큰 관심을 부르기 시작한 1997년 당시부터 납치 문제에 대해 위안부 문제 등으로 대치하는 자세를 보였다. 예를 들면 같은 해 11월에 행해진 일본 여당 대표단과 북한 노동당 전체 회의에서는 납치를 '날조'라고 일축한 북한은 반대로 '종군위안부 문제나 일본 식민지시대의 강제연행에 대해 전면적으로 비판'하였다(같은 해 11월12일자 「교토통신」 기사). 또 북한 주창준 주(駐)중국대사는 베이징의 북한대사관에서 가진 기자회견에서 강제연행이나 종군위안부 문제를 내세워 '납치의 두목은 일본이다'고 말했다(1999년 12월 8일자 「아사히신문」 조간 기사).

북한은 그 후로도 납치 문제와 위안부 문제를 관련짓는 주장을 반복 보도하는 한편 유엔에서도 같은 주장·운동을 반복 전개했다. 예를 들면 2003년 9월 24일 유엔 총회 일반연설이 끝난 후, 북한 대표단은 '일본인 납치 문제는 과거 1세기에 걸친 일본의 대북 적대(敵對)정책의 결과'라고 말했다. 40년에 걸친 일본 점령 하에서 840만 명의 한국인이 희생되고 20만 명의 한국 여성이 위안부로 일해야 했다면서, 일본의 대학살은 수명의 납치 피해자와 비할 것이 못된다고 말했다(같은 해 9월25일자 「추니치신문」 석간 기사).

이 견해가 당초부터 다수의 지지를 얻을 수 있었다고는 생각하기 어렵다. 실제로 2001년 6월 24일발 「조선중앙통신」 기사[24]는 같은 날짜 「민주조선」의 논평을 인용하면서 미국이 인도주의 문제 등을 다루기에 즈음해 2중의 기준을 적용하고 있다고 말했다. 북한에 압력을 가하기 위해 세계적인 관심사인 '종군위안부' 문제는 외면하고 일본이 날조한 허구인 '일본인 납치 문제'를 집요하게 문제 삼고 있다고 미국을 비판했다. 미국이 납치와 위안부를 떼어놓고 있는 것에 대한 초조함을 표명한 것이다.

종군위안부라는 제도나 강제연행이 악(惡)이라 해도 일본인 납치라는 악이 면죄될 수는 없다. 후자의 희생이 부득이하다는 견지에 선다면 전자의 희생 역시 그렇다고 하는 이치가 성립될 수 있을 것이다. 그런 주장이 통용된다면 북한의 핵실험을 받아서 일본이 핵무장을 해도 북한은 아무 비판도 할 수 없을 것이다.

위안부 문제와 납치 문제를 관련짓는 것 자체가 하나의 스토리 제시이며 바로 인지조작이다. 북한은 단순히 당(黨) 기관지의 프로파간다에 그치지 않고 유엔 등에서도 적극적인 정치공작을 전개했다. 거기에는 위안부 문제를 강조하고 납치 문제를 왜소화 내지 무의미화 한다는 명백한 의도가 있다. 그것은 동시에 북(北)·일(日) 국교 정상화를 위해서는 과거 청산이 우선되어야 한다는 북한 자세와도 결부되어 있다.

한국 내에서의 영향

　당시 미국에서 두드러진 효과를 발휘하지 못했던 인지조작도 한국에서는 당초부터 잠재적인 소구력(訴求力)을 가지고 있었다는 것을 쉽게 상상할 수 있다.

　북한의 대남 심리전 기본 전략의 하나가 '민족공조'의 어필에 있으며(이 책 114쪽 이하 참조) 민족공조 캠페인은 2000년 6월 남·북 정상회담 이후 계속되었다(2004년 3월15일자 「AERA」 기사). 종군위안부 문제는 남·북을 불문하고 한민족의 문제이기 때문에 바로 민족공조 하여 싸울 것을 호소하기에는 안성맞춤인 소재다. 일본인 납치 문제로 지나치게 떠들썩하게 소란을 피우는 일본이 위안부 문제에 대해서는 소극적·부정적이라고 지적함으로써 한국 내의 반일 감정이 점점 부추겨진다. 그 결과 일본과 마찬가지로 북한에 의한 납치 피해자이기도 한 한국을 일본과 분리할 수 있다. 납치 문제는 하찮은 사건인 양 후퇴해 버린다.

인지조작 일반 원칙과 관련해서, 북한의 인지조작이 언제 누구에게 어떻게 어떤 영향을 미쳤는가를 개별적·구체적으로 특정하기는 어렵다. 인지조작은 사람들의 공동 주관에 작용하는 것이기도 하면서 개인에서 개인으로, 집단에서 집단으로 영향이 퍼져간다. 그 과정은 자각적으로 행해지는 경우도 있지만 무의식중에 작용하는 경우가 있다.

그러나 결과적으로 보면 비록 보류를 조건으로 붙이고 있다고는 하지만 북한의 주장과 통하는 견해가 공개적으로도 표명되기에 이르렀다. 노무현 대통령은 2005년 3월 1일 서울서 열린 제86주년 3·1절 기념식에서 '나는 납치 문제에 대한 일본 국민의 분노를 충분히 이해한다'고 전제하면서 '마찬가지로 일본도 (중략) 강제징용에서 종군위안부 문제에 이르는 일제 36년 동안 수천, 수만 배의 고통을 받은 우리 국민의 분노를 이해해야 한다'고 말했다(같은 해 3월 2일자 「청와대」 홈페이지 게재 기록[05]).

이 발언은 그 직전에 있었던 시마네현(懸)의 '독도의 날' 제정 조례안 상정에 자극 받은 것이라는 지적도 있다(같은 해 3월2일자 한국 「조선일보」 기사). 그러나 같은 견해는 잇따라 발신되고 있다. 한명숙 총리는 「니혼게이자이신문」과의 인터뷰에서 일본인 납치 문제가 화제가 되자, '나부터 의견을 말하고 싶다'고 말을 꺼내면서 '요코다 메구미씨가 본인 의사와는 관계없이 납치된 것과 마찬가지로 과거 아시아에서는 일본에 강제 동원된 예가 많다. 종군위안부 등이 그 예이다. 현재도 아시아에는 일본의 과거 행위로 인해 수많은 메구미씨가 있다는 것을 말하고 싶다'(2006년 8월 4일자 「니혼게이자이 신문」 조간 기사)고 말했다.

    2004년 7월 한·일 정상회담에서 우선 역사 문제를 의제로 하지 않고 '과거 문제가 양국민의 우호친선을 저해하는 일이 없도록 서로 노력한다'는 데 인식을 같이 했다는 것(같은 해 7월 22일자 「요미우리신문」 조간 기사)에서 보면 분명한 변화를 인정할 수 있다. 인지조작은 바로 한국군 심리전 담당자가 말하는 '공감대'(주12의 173, 175쪽)를 형성하여 여기서 작용한 것이다.

미국 미디어에 대한 파급

그렇다고는 하지만 납치와 위안부를 직접 관련짓는 시점이 동북(東北) 아시아의 테두리 안에 그치지 않고 대대적이고 또 격렬하게 보도되기 시작한 것은 뭐니 해도 2007년 3월 초순부터다.

우선 같은 달 6일 '나카야마 부부의 비뚤어진 논리'라는 제목의 한국 「조선일보」 영어판(인터넷판) 기사는 나카야마(나카야마 나리아키 전 문부과학성 장관)는 일본이 여성을 납치하여 성적 노예로 만들었다는 것을 부정하고, 나카야마 부인(나카야마 교코 총리보좌관)은 북한에 의한 일본인 납치의 선전에 열중하고 있다고 보도했다. 또 나머지의 세계는 지금 일본으로 눈을 돌려 이 비뚤어진 논리를 보고 있으며, 일본의 지도자들만이 그것을 깨닫지 못하고 있는 것처럼 생각된다고 논평했다.(26) 나카야마 부부라는 배합이 납치와 위안부 두 문제를 링크시키는 하나의 재료로 사용된 것이다.

이어서 같은 달 8일자 「타임」인터넷판 기사(Toko Sekiguchi씨가 취재 협력)는 아베 정권의 외교정책 수행에서 4반세기나 지난 납치 문제가 북한 핵문제보다 점점 우선시 되는 것은 건전하지 못하다고 지적했다. 또 일본은 북한에 대해 한 줌의 일본인 납치에 대한 해명을 요구하면서도, 아마도 수십만 명에 이르는 성적 노예의 고통스러운 심적(心的) 외상에 대한 자국의 책임에 대해서는 회의적인 태도를 보이고 있다고 아베 총리(당시)을 비판했다.[27]

같은 날짜 한국 「한겨레신문」인터넷판 기사는 전혀 다른 문제로 보이지만 실은 일본의 한국인 위안부 강제동원 즉, 성 노예화 문제와 북한의 일본인 납치 문제는 서로 얽혀 있다고 보도했다. 그것도 대단히 밀접하게라고 보도했다.[28]

매스미디어는 아니지만 북한에 관한 정보나 논문을 수없이 게재하는 미국의 싱크탱크 「노틸러스 연구소」의 사이트(같은 8일자)에 역시 두 가지 문제를 동렬에 놓고 논한 오스트레일리아 학자가 투고한 기사가 게재되었다(김극미씨에 의한 일본어 번역이 첨부돼 있다[29]).

미국의 주요 미디어들은 그 후에도 같은 관점에서 보도를 계속했다.

〈비평가들은 말한다. 일본군이 수천의 여성에게 강요한 공포에 대해 아베가 (납치 피해자에 대한 것) 같은 동정과 도덕적 분노를 안을 수 없다면 얼마나 이상한 일인가.〉(같은 달 18일자 「로스앤젤레스 타임스」 기사[30])

〈만약 아베씨가 납치된 일본 시민의 운명을 조사하는 데 있어서 국제적인 지지를 구한다면 솔직히 일본 자신의 범죄 책임을 인정하고 일본이 중상을 입힌 희생자에게 사죄해야 한다.〉(같은 달 24일자 「워싱턴 포스트」 인터넷판 기사[31])

〈아베씨가 국가적 강제를 부정하는 것은 위선이라는 비난을 초래하고 있다. 아베씨는 북한에 의해 납치되었다고 하는 일본인 17명의 옹호자로서 초기에 인기를 얻었기 때문이다.〉(같은 달 26일자 「뉴욕 타임스」 인터넷판 기사, Norimitsu Onishi씨의 기명 기사[32])

이것들은 「노동신문」이나 「조선중앙통신」의 보도가 아니다. 그러나 내용만 보면 그것들과 거의 분간할 수 없는 주장이 드디어 미국의 주요 미디어에 게재되기에 이른 것이다.

인지조작의 기폭점

그리고 미국 의회조사국(CRS)의 의회 심의용 메모랜덤[33](2007년 4월 3일자)은 앞의 「워싱턴 포스트」 기사를 명시적으로 인용하면서 '일본 정부는 100명이 넘는 전(前) 위안부들의 증언을 불용(不容)함으로써, 북한에 의한 일본인 납치사건의 신빙성에 대해 제3자라면 의문을 갖지 않을 수 없는 상황으로 스스로 빠져들고 있다고 생각된다'고 지적했다.[34] 이 메모랜덤은 결의안 채택에 직접적인 영향을 미친 것으로 추측되는 자료다.

완곡한 표현을 쓰고 있지만 앞의 지적이 결과적으로 북한의 주장에 동조하는 내용이라는 것은 명백하다. 특정한 견해, 인지(認知)의 도식(圖式) 즉, 스토리를 잇따라 전파한 것이다.

이것들이 전면적으로 북한의 심리공작에 의한 것이라고 말하려는 것은 아니다. 하물며 북한이 혼다 의원에게 직접적으로 작용하였다는 식으로 주장하는 것도 아니다. 앞에서 지적한 대로 위안부 결의안 운동은 오히려 중국계 '연합회'가 주도한 것이다. 그러나 위에서 내려다 보면 그것들이 복합적, 상승적으로 작용하는 것이다.

납치 문제와 위안부 문제를 결부시키려고 해도, 뭔가 구체적인 재료(이른바 자료)가 없으면 단순한 일방적 주장의 개진에 불과하기 때문에 일반 미디어에서는 좀처럼 다룰 수 없다. 예를 들면 아무 맥락도 없이, 대전(大戰) 중에 희생된 한국인이 압도적으로 많기 때문에 일본인 납치 문제 등은 사소한 문제라고 주장하면, 인도적 혹은 윤리적으로 엄격한 지탄을 받을 것임이 틀림없다.

단순히 연합회(중국) 내지 북한이 인지조작을 시도한 것만으로는 반드시 그 목적이 실현되는 것은 아니다. 그것은 여러 해에 걸쳐 그들의 주장·운동이 결실을 맺지 못했다는 것을 보더라도 분명하다. 인지조작이 화약이라면 그것을 기폭(起爆)시키는 장치가 필요하다. 그 결정적인 요소가 된 것은 무엇일까? 바로 아베 신조 총리의 발언이다.

아베 총리는 2007년 3월 1일 기자단에게 코오노 담화의 재고(再考)를 시사하고(같은 달 2일자 「산케이신문」 조간 기사), 같은 달 5일 참의원 예산위원회에서 '결의가 있다고 해서 우리가 사죄하는 일은 없다' '이 결의안은 객관적인 사실에 의거하지 않았다'고 하면서 '위안부 사냥과 같은 강제성, 관헌에 의한 강제연행 같은 것이 있었다는 것을 증명할 증언은 없다'고 말했다.

이 발언의 취지 자체는 2006년 10월5일 중의원 예산위원회에서 '구체적으로 협의(狹義)의 강제성이 있었는가 없었는가의 확증에 대해서는 여러 가지 의문점이 있다'는 총리 발언과 그다지 다르지 않을지도 모른다. 이것은 전년(前年)에 제출된 위안부 결의안의 채택 가능성이 점점 높아졌다고 보도된(같은 달 2일자 「산케이신문」 조간 기사) 직후의 발언이다. 그러나 2007년 3월의 발언은 '결의안이 통과되어도 사죄하지 않는다'는 도발적인 메시지를 담고 있었을 뿐 아니라, 결의안이 한창 검토중인 시점이었다는 점에서 최악의 타이밍이었던 것이다.

납치 문제에 몰두해 정치적 커리어를 쌓은 아베 총리가 위안부 문제에는 부정적이라는 구도를 보이면 아베 총리라는 매개체를 통해서 두 가지 문제를 동시에 논할 수 있었다. 어디까지나 아베 총리의 모순을 지적한다는 형식이기 때문에 납치 문제를 무시한다는 비난을 미디어가 받을 우려도 적었다. 그러나 결과적으로는 납치 문제를 왜소화하는 효과가 있었다. 이렇게 해서 앞에서 게재한 바와 같은 보도가 연속된 것이다.

주목해야 할 것은 비록 직접적인 기폭점이 아베 총리의 발언이었다고 해도 인지조작 자체는, 연합회는 늦어도 1994년 당시, 북한은 1997년 당시로 거슬러 올라간다는 것이다. 인지조작은 우리들이 상상하는 것 이상으로 오랜 기간에 걸쳐 계속됐다(이 책 91쪽). 그리고 대체로 아베 총리의 발언도 위안부 결의안의 채택 움직임과 관련해 이루어진 것이며, 그 결의안은 연합회의 운동에서 발단된 것임을 간과해서는 안 된다.

물론 처음부터 모든 사태를 내다보고 모든 움직임을 계획할 수는 없다. 예를 들면 아베 씨의 총리 취임을 중국 내지 북한이 지시할 수는 없다. 그러나 일단 우익적인 아베 정권이 들어서면 인지조작에 대한 이후 반응을 어느 정도 예측하는 것은 그다지 어렵지 않다. 인지조작은 여러 개의 우연적 조건을 이용하거나, 혹은 그에 유연하게 대응하는 것이다.

일본 정부의 대응

그동안 일본 정부는 팔짱 끼고 사태를 방관한 것도 아니다. 예를 들면 2006년의 위안부 결의안 때에는 주미 일본대사관이 전 공화당 하원 원내총무를 고용하여 강력한 로비 활동을 전개해 이 결의안의 폐기를 유도했다(2006년 10월14일자 「교토통신」 기사).

북한이 기피하는 납치 문제의 중요성을 호소하는 일본 정부의 홍보나 민간의 대북(對北) 라디오 방송에 대한 지원·협력, 일본 정부 자신에 의한 같은 방송은 모두 개념상은 PSYOP에 해당된다. 북한은 이것을 '납치 문제의 국제화'라고 파악하고 '일본 당국이 이미 모두 해결된 납치 문제를 의도적으로 부각시켜 국제화하려는 것은 북·일 관계의 기본이 마치 납치 문제인 양 왜곡해 그들의 과거 청산 의무를 회피하려는 계획이다'고 주장했다(2006년 12월 18일발 「조선중앙통신」 기사[85]). 북한은 납치 문제의 책임을 회피하기 위해 위안부 문제로 대치한 것이다.

2007년 4월말 아베·부시 회담에서의 '사죄'도 하나의 만회 노력이라고 말할 수 있을 것이다. 우선 위안부 결의안 문제가 가라앉고 조용해져 가는 것처럼 보였다.

그런데 이 같은 일본의 노력을 결과적으로 무위로 만든 것이 같은 해 6월 14일 「워싱턴 포스트」지에 게재된 '사실'이라는 제목의 의견 광고다(미국 하원 외교위원회에서의 결의안 가결은 같은 달 26일). 웬일인지 여기에는 위안부 결의안과 관련해 '소란을 피우면 문제를 더 크게 할 뿐'(주22)이라고 말한 오카자키 전 대사까지 참여했다.

그들이 위안부 결의안을 중국의 선전 공작이라고 생각했다면 그만큼 신중한 대응을 했어야 했다. 이 광고는 바로 이 책 245쪽 이하에서 언급하는 프로파간다의 '직접적 부정'에 해당되며, 선전자가 역사수정주의자(편집자 주 : 일본 극우파)에 의한 '직접적 부정'을 계산에 넣고 있었을 가능성마저 생각할 수 있기 때문이다.

앞의 CRS 메모랜덤을 진지하게 읽었다면 광고를 내는 것을 주저하지 않을 수 없었을 것이다.

〈총리의 모순된 성명은 자민당 '일본의 전도(前途)와 역사교육을 생각하는 의원의 모임'의 주장을 어떻게든 회유하려는 의도였던 것으로 생각된다. 이 모임은 코오노 담화를 수정 혹은 삭제할 것을 바라며, 위안부 제도에 대한 일본군의 책임을 면하려는 생각을 가지고 있었을 것이다. 이들 의원이 발표하는 연구 및 그에 대한 일본 미디

어나 대중의 반응은 금후 일본에서 역사수정주의자의 영향을 증대시키는 중요한 기준이 될 것이다.〉(주34)

의견 광고가 일부 저널리스트나, 학식 또는 견식이 있는 사람들의 견해에 그쳤다면 그만한 반발은 일어나지 않았을지도 모른다. 그러나 자민당 29명, 민주당 13명, 무소속 2명의 국회의원이 가담한 것은 앞서 언급된 메모랜덤의 대표적인 견해에 공공연하게 도전하는 것과 같다(예를 들면 가담자의 한 사람인 토이다 토오루 자민당 중의원 의원은 '일본의 전도와 역사교육을 생각하는 의원의 모임'의 난징문제소위원장을 맡고 있다).

물론 미국 의회에 불필요하게 아첨할 필요는 없다. 따라서 잘못이 있으면 그것을 규탄하는 광고는 이치상 있을 수 없는 것이 아니다. 그러나 미국 의회가 위와 같이 공통 인식을 가지고 있다면 결과적으로 광고는 역효과밖에 낳지 않는다. 바로 역사수정주의자의 대두로 간주되기 때문이다.

누구에게 무엇을 기대하고 있는가. 즉, 광고의 대상과 효과가 전혀 검토되지 않았다고 말하지 않을 수 없다. 위안부 결의안이 중국의 선전공작이라면 앞서 언급한 대로 그것은 현 단계 이상의 공작을 향한 교두보라고 생각할 수 있다. 따라서 결의안의 기정사실화를 계속 피하는 것을 당면 목표로 확실히 해 두어야 했다. 미국 의회를 자극하는 것은 더없이 어리석은 짓이었다. 무엇보다 '설득하는 경우에 따른 마음가짐'(한비자(韓非子)「설난편(說難編)」)을 알아야 했던 것이다.

필자는 2007년 3월 31일 방송된 '일본 문화 채널 사쿠라' 토론 프로그램에서 '심리전상 위안부 문제, 난징 사건은 솔직히 말해서 지는 싸움'이라는 취지로 발언했다. 그 취지는 바로 일본 정부가 기본적인 사실 관계를 대강 인정하는 이상 디테일이나 규모를 아무리 열심히 부정해도 그것은 결국 변명으로밖에 들리지 않기 때문이라는 것이다. 선전자 입장에서 보면 그 문제들은 인지조작에 안성맞춤인 재료이고, 그 문제들과 관련된 만큼 다루기 쉬운 적(敵)은 없다. 왜냐하면 부정하면 할수록 일본은 반성하지 않는다는 인상만 더 주게 되며, 그것은 선전자가 기대하는 것이기 때문이다.

물론 선전 목적에 내포된 허위나 과장까지 참을 필요는 없을 것이다. 그러나 사실 관계에 잘못이 있다면 학술 연구 등을 통해서 착실히 검증하고 진지한 자세로 그것을 발표하는 것 외에는 없다. 그리고 만약 심리전에서 반격을 시도한다면 전혀 다른 필드를 준비해야 할 것이다.

슈퍼노트 CIA 위조설의 불가사의

독일의 「프랑크푸르트 알게마이네 자이퉁(FAZ)」지는 2007년 1월 8일자 '슈퍼노트(편집자 주 : 100달러짜리 위조지폐를 말한다)-위조 달러 지폐의 비밀' 이라는 제목의 기사에서 슈퍼노트를 위조한 사람은 CIA라는 점을 시사했다. CIA가 의회 통제를 받지 않고 비밀 인쇄소에서 제조한 위조지폐를 위험 지역에서의 비밀공작 자금으로 사용했을 가능성이 있다고 했다.[36] 집필자는 위조지폐 문제를 다룬 〈Money Maker〉의 저자이기도 한 클라우즈 W. 벤다 기자였다.

　미국 정부의 공식 코멘트는 없었다. 그러나 '북한에 의한 미국 통화 위조' 라는 제목의 2006년 3월 22일자 미국 의회조사국 보고서 (RL33324[37])는 「FAZ」 기사 보도 직후인 2007년 1월 17일 개정되어 슈퍼노트의 위조를 새삼 주장했다.[38]

「FAZ」보도든 CRS보고서든 같은 달 16일부터 베를린에서 개최된 북(北)·미(美) 양국간 협의에 근접해서 발표됐다. 슈퍼노트를 위조하는 측이 CIA라면 적어도 가짜 달러를 근거로 하는 제재의 부당성은 부정하기 어렵기 때문에 「FAZ」기사는 중대한 내용이 내포되어 있었다.

실제로 벤다 기자는 그 전년(前年)인 2006년 2월 28일자 「FAZ」 기사(39)에서도 마찬가지로 위조지폐가 CIA의 음모라는 것을 넌지시 비추었다. 그런데 이듬해 1월의 기사에서는 약간 색조를 약하게 해 변죽 올리는 내용이 되었다.

〈Money Maker〉(같은 해 5월 간행(40))는 슈퍼노트에 대해 독립 항목을 두고 같은 주장을 펼쳤다(주40의 265쪽). 이 책은 독일어 원저인 〈Geld Macher(41)〉를 영역(英譯), 개정한 것이다. 그런데 2004년 7월 간행된 독일어 원저에는 슈퍼노트라는 항목은 들어있지 않았다. 원저는 본문에서, 슈퍼노트를 추적한 같은 해 6월 방송된 BBC 보도 프로그램(42)의 내용을 명백히 왜곡해, 미 정보기관에 의한 위조 가능성을 시사했다. 그러나 원저에서는 워싱턴DC 북방의 CIA 비밀 인쇄공장(주36, 39, 40) 운운은 명기되어 있지 않았다(주41의 262쪽).

그 후의 「FAZ」 보도에서도 중요한 CIA 비밀 인쇄공장에 대해서는 매우 간단히 언급되어 있을 뿐 그 실태는 확실하지 않았다. 특별히 내세울 만한 결정적인 새 사실이 제시된 것도 아닌데 서서히 주장이 강화된 것이다. 주36도 기록한 바와 같이, 2006년 7월(영어판 출판

후)에 열린 관계기관의 '슈퍼노트 위기(危機) 회의'에서 화제가 되었다고 하는 것은 '위조의 배후에 있는 것은 미국일지도 모른다'는 '소문'에 불과했다.

위조지폐에 대해서는 고도의 전문지식이 요구되기 때문에 일반인은 좀처럼 판단할 수 없다. 그런 테마는 인지조작의 재료에 적합하다. 불신의 씨앗을 사람들의 마음에 심어주는 것만으로도 인지조작은 성공했다고 말할 수 있다.

저널리스트로서 시의적절한 화제를 다루는 것은 당연하기 때문에 해당 분야 전문가가 2007년 1월 새삼 문제 기사를 썼다고 해서 북한 혹은 기타 국가에 의한 심리공작이라고 단정할 수 없을지도 모른다. 같은 해 1월에 갑자기 주장을 펴기 시작한 것도 아니다. 위조지폐 문제를 둘러싼 양국의 대응과 추후의 전개가 주목된다.

제4장

러시아

문서 위조 공격 / 오퍼레이션 글라디오 / 위조문서의 판정 / 영향 요원 / 레프첸코 증언 / 미트로힌 문서에서 본 정계 공작 / 전국지 내의 영향 요원 / 산케이 신문의 반론 기사 / 해명·입건의 어려움 / 인지조작으로 거액의 이익 / '과학적'인 프로파간다 / SARS 생물무기설

문서 위조 공격

허위 스토리를 전파하여 인지조작을 시도할 때 중요한 요소는 스토리의 신빙성이다. 스토리를 뒷받침하는 '증거'가 필요하다. 증거는 종종 문서 형태로 제시된다. 부분적으로 진실에 입각하면서 교묘하게 문서를 위조·날조하면 기만적인 인지조작을 성공시킬 수 있다.

구 소련은 갖가지 문서를 위조해 심리공작을 전개한 것으로 알려져 있다. 1961년 6월 리처드 헬름스(1966~1973년 CIA국장)는 소련에 의한 수많은 위조문서들 중 1957년부터 1960년까지 날조된 32건의 사례를 미 의회에 보고했다. 예를 들면 타이페이 주재 미국 대사가 워싱턴의 국무장관 앞으로 보냈다고 하는 2건의 위조 공용 전보가 인도 영자지(英字紙)에 게재된 일이 있었다. 공용 전보는 '장개석(蔣介石)을 배제한다'는 가짜 제안에 대해 언급한다는 형식으로 되어 있다. 어떻게 이 신문이 극비 전신(電信)을 입수했는가에 대해서는, 그 얼마 전에 폭도가 타이페이 주재 미국 대사관을 습격했다는 실제로 일어난 사건을 이유로 들었다(제1장 주19의 145, 146쪽). 그런 형식으로 신빙성을 연출한 것이다.

32건의 사례 중에는 미 국무성과 키시 노부스케 일본 총리(당시)가 자위대의 아시아 파병에 대한 밀약을 맺었다고 하는 가짜 문서도 포함되어 있었다(제1장 주17의 173쪽, 제4장 주1의 297쪽).

소련의 위조문서 중에서 가장 큰 성과를 올렸다고 생각할 수 있는 것 중 하나가 미 육군 교범 '필드 매뉴얼'을 대상으로 한 사례이다 (필드 매뉴얼은 문서 표제가 'FM' 기호로 시작되며 미군 사이트에 다수 교범이 공개되어 있다).

미 육군 첩보 담당자용 교범을 가장한 'FM30-31B[2]'라는 표제의 문서는 미군이 주둔하는 나라(호스트 컨트리)의 내정에 간섭하는 것, 그 나라 정부 직원이나 군인을 이용하는 것, 우호국에서 공산당이 정권을 획득할 가능성이 있는 경우에는 극좌조직을 이용하여 미국의 국익을 보호하는 것 등에 관해 설명하고 있다. FM30-31B는 1975년 터키 신문에서 처음 언급되었고 1978년에는 이 문서의 복제본이 스페인에서 간행되었다. 그 후 미국을 포함한 20개 이상의 나라에서 이 문서가 보도되었다(주3의 157쪽).

CIA는 FM30-31B가 소련의 위조문서라고 명언했다.[4] 1980년 2월 미 하원 상임 정보특별위원회에서 감찰소위원회는 '소련의 은밀한 액션(문서 위조 공격)'을 테마로 청문회를 열었다. 의사록에는 CIA의 위조문서 전문가가 'FM30-31B는 사실상 세계의 모든 장소에서 복제돼 보도되고 있으며 가장 큰 성과를 거둔 기만공작이다'고 증언한 내용이 기술돼 있다. 더구나 CIA 공작부 부부장이 같은 달 이 소위원회에 제출한 문서는 다음과 같은 점을 지적했다.[5]

〈이 위조문서에 특별히 주의를 해야 한다. 왜냐 하면 이것은 매우 세련된 날조이며 소련은 과거 몇 번이나 이것을 이용해 미국에 대해 공식·비공식 프로파간다 공격을 했기 때문이다. FM30-31B는 양식, 서식, 용어법의 측면에서 실수가 최소화돼 있으며 작성자는 진짜와 똑같은 타이프라이터, 종이, 군사 전문용어를 사용하고 있다. 위조문서에는 윌리엄 웨스트모어랜드(William Westmoreland) 장군의 위조 서명까지 있으며, 위조문서는 톱 시크릿(Top secret)로 분류되어 있다. 그 때문에 소련의 위조문서라는 사실이 드러났다. 왜냐 하면 진짜 미국 필드 매뉴얼은 그 같이 고도의 기밀 지정을 받지 않기 때문이다. 이 같은 사소한 실수로 인해 가장 주의 깊게 날조된 문서도 그 기만성을 드러냈다.

- 작전상 지침인 FM30-31B는, 미군이 주둔하는 우호국에서 좌익 세력에 의한 치안 위협이 발생하는 경우에, 미군이 그 우호국의 내정에 영향을 주는 수단에 대해 설명하고 있다. 이와 같이 위조문서는 주의력이 없는 독자에게 미국이 자국 이익에 중요한 국가의 내정에 간섭하고 있는 듯한 인상을 준다. 긴급한

때에는 극좌 조직을 이용해 동맹국이 내정상 더 강경한 수단을 취하도록 유도하는 것도 문서에 설명되어 있다. 소련의 선전자는 미국이야말로 테러 조직을 배후에서 조종하는 도발자라는 메시지를 발신하는 것이다.

- 1978년 9월 스페인 매체들이 잇따라 FM30-31B를 내세웠다. 기사의 집필자 페르난도 곤잘레스(Fernando Gonzalez)는 스페인 공산주의자로 소련 및 쿠바의 첩보기관원들과 유대가 있다고 알려져 있다. FM30-31B가 새삼 부상한 것에는 다음과 같은 사정이 있다. 당시 곤잘레스는 이 위조문서를 논거로 서구 테러리스트 특히 이탈리아 '붉은 여단'의 활동에 미국이 관여하고 있다고 주장했다. 1978년 3월 붉은 여단은 이탈리아 기독교민주당 지도자 알도 모로(Aldo Moro, 편집자 주 : 2차례 총리 역임)를 납치해 살해했다. 사건 후 며칠 내내 소련의 프로파간다 기관은 이 살인사건에 미국이 관여한 것처럼 선전했다.〉

앞의 반론으로 FM30-31B의 영향력은 불식되었을까. 사건은 그렇게 단순하지가 않다.

오퍼레이션 글라디오

주4의 국무성 웹 기사는 FM30-31B의 카피(스캔 화상)를 담고 있는 주2의 사이트 기사로 링크되게 해 놓았다. 따라서 주2에서 든 FM30-31B는 진짜 위조문서의 복제본이라고 판단할 수 있다.

그 FM30-31B의 앞부분은 다음과 같이 기록되어 있다.

〈최고 기밀의 부속 문서인 이 FM30-31B는 특수한 성격상 통상적인 FM 문서로는 발행되지 않았다. FM30-31B는 (호스트 컨트리의) 국내 방위 환경 속에서 미군의 안정화 활동을 첩보상 지원하기 위한 교조(敎條), 전술, 기술에 관한 지침을 나타낸 것이다. FM30-31B는 광범위하게 유포될 예정이었기 때문에, 그 내용은 반(反)파괴 활동 및 미국과 호스트 컨트리가 공동으로 행하는 안정화 활동에 직접 관여하는 것에 한정돼 있다. 한편 FM30-31B는 호스트 컨트리의 정부 기관을 미군의 첩보활동의 대상으로 간주하고 있다.〈생략)〉

미 국무성도 인정하는 바와 같이 'FM30-31B'와 그 부속 문서 'A'는 실존한다(주4). 'A'가 실존할 정도니까 'B'도 존재할 것이다. 공작자는 'B'는 '본문' 또는 'A'의 이른바 이면문서에 해당된다는 인상을 주려고 했을 것으로 추측된다.

FM30-31B가 처음 등장한 것은 1975년. 놀랍게도 그로부터 30년이 지났음에도 문서의 존재, 내용이 진실인 양 문제시 되고 있다. 2005년 2월 18일자 「모스크바 타임스」게재 칼럼이 그것이다.[6]

이 칼럼은 '서방 정보기관이 몇 십 년에 걸쳐 자국민을 대상으로 한 테러·기만의 비밀 공작인 오퍼레이션 글라디오(Operation Gladio, gladio는 이탈리아어로 '검'이라는 의미)'에 대한 문제를 제기하면서, 그 본질은 억울한 시민을 공격함으로써 그들이 국가에 강력한 안전을 요구하도록 강요하는 데 있다고 설명했다. 이어서 오퍼레이션 글라디오의 실태를 소재로 한 〈NATO 비밀군-글라디오 작전과 서구 테러리즘〉이라는 제목의 신간을 소개했다.

칼럼은 '신간의 저자가「발굴」한 정황 증거의 하나가 FM30-31B'라고 했다. 그리고 FM30-31B는 '공산주의자의 파괴활동에 외국 정부가 충분히 효과적으로 대처하지 않는 경우에 미국이 (공산주의자를 가장하여) 테러 공격을 하는 방법론을 설명한 것'이라는 등의 설명을 첨부했다.

위조문서의 영향력은 위조라는 사실을 지적한 후에도 여전히 쉽게 불식되지 않는다.

위조문서의 판정

필자는 미국이 주장하는 대로 FM30-31B는 위조라는 인상을 가지고 있다. 그러나 명확한 증거를 가지고 있는 것은 아니다. 결국 미국이 구 공산권 나라들보다는 개방된 사회라는 점, 문서의 존재를 계속 은폐하는 것은 곤란하다는 점 등의 이유를 드는 수밖에 없다. 가령 이런 은밀한 액션은 실행된다 해도 극비리에 전개된다. 따라서 기밀 지정을 하였다 해도 일부러 매뉴얼 형태로 배포하기는 어렵기 때문이라고 말할 수도 있을 것이다.

실제로 확고한 증거를 드는 것은 어렵다. 앞서 나온 CIA 제출문서(이 책 155쪽)에서도 위조라는 주요한 논거는 '이 책의 미군 필드 매뉴얼은 그와 같이 고도의 기밀 지정을 받지 않았다' 는 것이다.

정확을 기하기 위해 부언해 두면 FM30-31B로 설명되는 내용 자체는 황당무계하다고 말할 수 없는 면이 있다. 같은 연배의 독자들

중에는 *시모야마 사건이나 *미타카 사건, *마츠카와 사건 등 일본이 강화 독립(편집자 주 : 제2차 세계대전에서 패전국이 된 일본은 1952년 샌프란시스코 강화조약의 발효로 독립했다)하기 직전의 이해하기 힘든 사건을 상기할 수도 있을 것이다. FM30-31B가 날조라 해도 그런 비밀공작에 미국 첩보기관이 일체 관여하지 않았다고는 단언할 수 없다.

일반적으로 비밀문서의 진위를 판별하는 것은 어렵다. 대체로 첩보 관계 문서는 많든 적든 기밀에 속하고 그 공개가 처음부터 예정되어 있지 않다. 따라서 문서가 실존하는 경우라도 작성 기관이 그 존재를 인정하는 일은 거의 없다. 공개된 문서의 진실성이 자동적으로 보증되는 일도 당연히 없다.

전혀 근거 없는 문서를 날조하기보다는 FM30-31B와 같이, 그것에 가까운 문서가 실존하는 경우가 날조(위조)의 효과는 크다. 곤란한 점은 첩보 관련 당사자 외에는 문서의 진위를 판단하는 기술이 없다는 것이다. 바꿔 말해서 진실성의 판정 재료 그 자체가 본래적으로 은폐되어 있다. 그 까닭에 위조문서는 의외라고 할 정도로 큰 효과를 장기간에 걸쳐 발휘한다.

첫 보도로부터 30년이 지나도 '문서'가 오퍼레이션 글라디오라는

---

* 시모야마 사건(下山事件) : 1949년 7월 5일 아침 도쿄에서 일본 국영철도 초대 총재 시모야마 사다노리 씨가 출근 도중 실종되었다가 이튿날 새벽 시체로 발견된 사건.
* 미타카 사건(三鷹事件) : 1949년 7월 15일 일본 국영철도 츄우오혼센 미타카역(驛) 구내에서 일어난 무인 열차 폭주사건. 같은 시기에 일어난 시모야마 사건, 마츠카와 사건과 함께 '국철 3대 미스터리 사건'.
* 마츠카와 사건(松川事件) : 국철(國鐵)의 대량 해고에 반대한 국철노동조합 후쿠시마 지부, 그리고 토시바 마츠카와 공장의 대량 지명 해고에 반대한 토시바 노련 마츠카와 공장 노조가 전개한 투쟁.

새로운 스토리 속에서 활성화된다. 예비지식이 없는 독자는 이것을 사실로 받아들인다. '문서'에 대해 일부러 구글(Google) 검색 정도라도 해 보는 독자는 적을 것이다. 따라서 미국이 위조라고 명언한 문서라도 여전히 진실로 유통된다.

영향 요원

구소련에 의한 인지조작으로 문서 위조와 함께 주목되는 것이 영향 요원(agent of influence)의 적극적인 활용이다. 인지조작을 위한 스토리는 대상에게 전달되고 수용되어야 비로소 의의를 갖는다. 스토리를 교묘하게 침투시키기 위한 회로(回路)의 하나가 영향 요원이다.

영향 요원이란 '첩보상의 지시에 따라 공적인 입장이나 기타 수단을 이용하여 대상국의 정책, 여론, 특정 사건의 전개, 정치 조직, 정부기관의 활동에 영향력을 행사하는 요원[8]'을 말한다. 영향 요원의 임무는 정보 수집 그 자체보다 대상국 정부의 활동에 영향을 주는 데 있다(제1장 주13의 79쪽). 영향 요원에는 '자기의 목적을 성취하기 위해서도 스스로 외국 정부에 협력하지만, 외국 기관으로부터 상세한 지시를 받지 않고 대체로 보상비도 받지 않는 자' '지배(支配)·금전 면에서 완전히 예속된 자' '원조(援助)와 인간관계를 통해 조작되며 그 것에서 벗어나지 못하는 자' 등 갖가지 형태가 있다(같은 주 81쪽).

영향 요원과 스폰서와의 관계가 드러나 있는 경우도 있다. 공공연하게 적에 대한 찬동 의견을 표명해도-예를 들면 적국의 강경파가 아니라 온건파의 의견을 대변하고 있다고 주장함으로써-영향 요원이 자국 내에서 지지를 획득할 여지가 있다. 현실적으로 가능성이 가장 큰 것은 명확히 지지를 표명하는 경우와 관계를 전혀 모르는 경우의 중간 단계이다. 외국 정부나 그 이데올로기에 공감하는 것으로 알려져 있지만 그 정도가 낮은 것으로 추측되어, 외국 정부의 지배하에 있다고는 간주되지 않는 경우가 그것이다(제1장 주15의 25쪽).

언뜻 보기에 영향 요원은 오히려 자신을 운영하는 외국 정부의 이해에 반하는 것처럼 발언·활동하는 경우도 당연히 생각할 수 있다. 그렇게 하는 것이 대상국의 특정 계층에 침투할 수 있고 그 진의를 숨기는 것이 용이하기 때문이다. 따라서 도대체 어디에 그 진정한 목적이 있는지를 계속적으로 감시하고 분석할 필요가 있다.

영향 요원이 흘리는 정보는 본질적으로 회색 내지 흑색선전이 된다. 대상국의 엘리트에게 영향을 주는 교묘한 회색선전은 저명한 학자, 정치인, 기타 저명인을 협력자로 삼아, 그들로 하여금 자국 정부의 정책을 지지하는 보수계의 학술지나 오피니온지에 기사를 기고하게 하는 것이다. 미국에서는 「포린 어페어스(Foreign affairs)」나 「아틀랜틱 만슬리(Atlantic monthly)」 그리고 「내셔널 리뷰(National review)」가 이에 해당하며, 그것들은 정책 결정자나 고급 관료들이 열람하고 있다. 은밀히 외국 정부의 지시를 받아 집필된 기사라도 이들 간행물에 게재되면 의원이나 각료, 백악관 참모들의 사고를 좌우할 수 있다. 교묘하게 문장을 수정하고 설득력 있게 논리를 전개한 기사는 읽는 사람의 인식이나 입장에 영향을 줄 수 있다. 그때 핵심적인 메시지는 소극적으로-예를 들면 장문의 기사 중 논제에서 탈선하는 1개소 정도에서만-노출해도 된다.

학술지의 발행처는 종종 정책 지향적인 연구기관(싱크탱크)들이며, 그들 기관은 포럼이나 연구 계획에 자금을 제공하고 있다. 그들 기관의 발행물에 은밀히 영향을 가하면 필연적으로 대상국의 정책 엘리트들에게 영향을 줄 수 있다(제1장 주31의 76, 77쪽).

회색선전 매체로서 특히 보수계 간행물이 이용되는 것은 반체제적인 잡지에 기사를 내면 영향력이 없기 때문이다.

레프첸코 증언

일본을 무대로 한 영향 요원의 활동이 구체적으로 밝혀진 것은 레프첸코(Levchenko) 사건이다.

소련의 「새 시대(노보에 프레미야)」지 도쿄 지국장 S. A. 레프첸코(당시 KGB 소령)는 1979년 10월 일본에서 미국으로 망명했다. 레프첸코는 1982년 7월 미 하원 정보특별위원회에서 KGB 재임 시절에 미·일·중 이간(離間), 친소(親蘇) 로비 뿌리 내리기, 일·소 선린협력조약 체결, 북방 영토 반환운동 진화 등을 목적으로, 일본 각계에 정치공작을 했다고 증언하고(같은 해 12월에 증언 내용 공개), 소련에 의한 액티브 메저스(active measures 적극공작. 은밀한 액션과 거의 같은 뜻)의 실태를 폭로했다.

또 레프첸코는 '일본의 KGB에는 레지던트라 불리는 재일 KGB 기관장 밑으로 라인X(과학기술정보 수집 담당), 라인N(불법 지원 담당),

라인KR(방첩 담당), 라인PR(정치정보 담당)이라 불리는 각 라인이 조직되어 있었다. 라인PR은 액티브 메저스반(班), 미국을 담당하는 이른바 주적반(主敵班) 및 중국반으로 이루어져 있었다' 는 것도 언급했다(1984년 · 1987년판 〈경찰백서〉).

KGB가 일본의 미디어 정치에 영향을 미치는 데 이용한 영향 요원의 실례에 대해 이 책 제1장 주13은 다음과 같이 프레젠테이션 발언을 요약하고 있다.

〈• KGB는 일본 사회당 유력 의원을 이용해 사회당 내 중국 협력자로 보이는 의원이 당내 지도권을 장악하는 것을 저지했다.

• 요미우리신문의 베테랑 기자를 이용해 (일본이) 이중 스파이 활동으로 검거된 소련 군사정보기관 GRU 첩보원의 석방을 기도했다는 기사를 쓰게 했다.

• AP통신에 근무하는 젊은 미국인 기자를 이용해 미그 25전투기로 일본에 망명한 파일럿(베렌코 중위)의 아내가 남편 앞으로 귀환을 재촉했다고 여겨지는 편지를 보도하게 했다.〉(같은 주 84쪽)

당시 KGB가 일본 내에서 확보한 협력자의 수는 약 200명에 이르고 그 중 레프첸코 자신이 지도하여 영향 요원으로 소중히 관리한 대상은 저널리스트였다고 한다(주3의 174쪽).

미트로힌 문서에서 본 정계 공작

1992년 구 KGB요원 와실리 미트로힌(Vasili Mitrokhin)이 영국에 망명했다. 미트로힌은 1948년부터 1984년까지 구 KGB의 대외 정보 부문인 제1총국(현SVR) 등에 근무하며 기밀문서 관리·기록 등을 담당하는 한편 12년간 은밀히 기밀 정보를 복사한 메모를 대량으로 은닉했다고 한다. 그 중에는 수천 명에 이르는 KGB 협력자·직원의 정보가 포함되어 있었다고 한다.

그는 망명 당시 가지고 나왔다는 이들 자료(미트로힌 문서)를 기초로 한 서적을 영국 학자 크리스토퍼 앤드류와의 공저 형식으로 간행했다. 미트로힌 문서의 내용은 서적 간행 이전에는 매스컴에 유출되지 않고 일본을 포함한 각국 정보기관에 바로 제공돼 스파이 적발에 이용되었다(제1장 주6의 1~22쪽).

미트로힌 문서에 의하면 1970년대 일본 외무성에는 KGB의 협력자가 복수로 존재했다. 냉전 시대를 통해 재일 KGB 기관이 시행한 액티브 메저스의 주요 목표는 미·일 양국을 분리시키는 것이었다(제4장 주1의 296쪽).

KGB가 거둔 전술적 성공은 전략적으로는 거의 의의가 없는 것이었다(같은 주 297쪽)고 한다. 그런데 그 내용에는 놀라운 것들이 있었다. 예를 들면 재일 KGB의 한 조직인 라인F(특무 활동 담당)가 평시 파괴 활동으로 계획한 작전에 'VULKAN'이 있었다.

이것은 1965년 10월 반(反)베트남전쟁 데모와 함께 계획된 재(在)도쿄 미국문화센터 도서관(현재는 아메리칸센터 레퍼런스(reference) 자료실)에 대한 공격이다. 비합법 에이전트 'NOMOTO'는 도서관 폐관 때 서가에 책 모양의 폭탄을 설치했다. 기폭 장치는 미국제 담배 속에 감추어 이튿날 이른 아침에 기폭하는 것으로 되어 있었다. KGB의 관여를 은폐하기 위해 서비스A(KGB 제1총국 소속 기만공작·적극공작 담당)는 미군 시설 공격을 호소하는 일본 극우파를 가장한 전단을 준비했다(같은 주 298쪽).

미트로힌 문서에는 VULKAN작전이 실행되었는지 여부는 언급되어 있지 않았다. 러시아에 이주한 전 일본 국민인 NOMOTO는 캄차카에서 어업을 하고 있었을 때 KGB의 비합법 에이전트로 채용되었다고 한다(같은 주 55쪽).

미·일 관계에 큰 위기를 초래하기 위해 라인F가 고안한 가장 극적인 계획은 1969년 당시 도쿄만에 방사성 물질을 살포한다는 것이다. 요코수카 미 해군 기지를 이용하는 원자력 잠수함에서 방사능이 조금씩 나온다는 거짓말을 유포해 국민적인 항의를 유발하려는 것이 그 의도였다. 재일 KGB 기관은 작전을 지지하였지만 KGB 본부는 이를 각하했다. 적당한 미국제 방사성 물질을 입수하는 것이 곤란해 소련제를 사용하면 음모가 드러날 우려가 있었기 때문이었다(같은 주 298쪽).

라인PR(정치정보 담당)이 1960년대에 직면한 문제는 그때까지 KGB에 협력하던 일본 공산당의 지원을 잃어버린 것이었다. 중·소 대립과 더불어 일본 공산당은 중국에 가까워져 소련 공산당과의 관계가 파국에 처했기 때문이었다(같은 주 298쪽).

이후 라인PR의 주된 전략은 일본 사회당 내부 협력자 획득으로 돌아섰다. 코드명 'KOOPERATIVA'라고 불리는 이 작전은 협력자를 영향 요원으로 이용하는 것을 목적으로 했다(같은 주 299쪽). 즉, 일본 사회당을 통해 의회에 영향력을 행사하고 소련에 유리한 정책을 유도한다는 것이었다.

협력자는 유력 당원이었던 'Seiichi Katsumata' (코드명 'GAVR'), 'Tamotsu Sato' ('ATOS'), 'ALFONS', 'DUG', 'DIK', 'JACK', 'Shigero Ito' ('GRACE'), 'DENIS', 'KING', 'KERK' 등이었다. 기타 친소파 학자 'YAMAMOTO'를 1977년에 협력자로 확보해 한 회기 중에 적어도 2개의 국회 질문에 성공했다고 한다(같은 주 300쪽).

KGB 공작은 여당에도 미치고 있었다. 가장 중요한 협력자는

'Hirohide Ishida'(코드네임 'HOOVER', 이시다 히로히데 전 노동장관)이었다. 1973년 2월 이시다 의원은 신설된 일·소 우호의원연맹(코드네임 'LOBBY') 회장으로 취임해 같은 해 8월 27일부터 9월 6일까지 소련을 방문했다. 타나카 가쿠에이 총리의 소련 방문 직전이었다.

KGB본부의 요청에 의해 소련 지도부는 이시다 의원을 환대했다. 이 방문 후 소련에 억류돼 있던 일본 어민 49명 전원이 석방되었으며, 아사히신문(내부에 적어도 1명의 KGB 협력자가 당시 존재)이 그 사실을 보도했다. 이시다 의원은 재일 KGB 기관이 운영한 주요 영향요원이었다(같은 주 300, 301쪽).

KGB는 1973년 타나카 총리의 소련 방문을 추진했다. KGB의 적극공작은 같은 해 8월16일 정치국 승인에 따라 일·소 평화조약 등의 체결을 추진할 의도였던 것이다. 교섭이 진전되면 타나카 총리에게 어업권 양보뿐 아니라 하보마이(齒舞), 시코탄(色丹) 두 섬의 반환도 제시하기로 되어 있었다. 교환 조건은 미·일 안보조약의 파기와 재일 미군 기지의 폐쇄였다.

타나카 총리가 조건을 수락할 가능성은 없지만 일본 내부에서 그 선에서의 합의를 지지하는 여론이 높아지기를 기대했다. 그러나 방문은 성사되지 못했다. 타나카 총리가 경제협력과 관계 개선의 전제조건으로 북방 4개 섬 전부의 반환을 주장하였기 때문이다(같은 주 301, 302쪽).

1977년 이시다 의원은 KGB의 요구를 받아들여 '주(駐)모스크바 일본 대사 부부가 반체제 인사와 면회하였기 때문에 소련의 기분을 상하게 했다'고 후쿠다 타케오 총리에게 개인적인 충고를 하여 대사를 소환할 시기임을 암시했다.

　1970년대에 KGB는 'FEN'과 'KANI' 두 사람의 협력자를 자민당 내에 확보했다고 한다. 그러나 KGB에게는 미국 록히드사가 타나카 가쿠에이씨에게 뇌물을 준 것 같은 금전력이 없어, 진정한 의미에서 일본 보수정치의 중추에 침투한 것은 아니라고 한다(같은 주 302쪽).

전국지 내의 영향 요원

미트로힌 문서에 의해 1970년대에 KGB 협력자가 된 적어도 5명의 베테랑 기자(「사회신보」제외)의 존재가 확인되었다. 아사히신문의 'BLYUM', 요미우리신문의 'SEMYON', 산케이신문의 'KARL'(혹은 'KARLOV'), 도쿄신문의 'FUDZIE' 그리고 '대(大)신문의 베테랑 정치기자' 만 하고 있는 'ODEKI' 가 그들이었다. 미디어 내부 KGB 협력자의 태반은 금전적인 동기였다고 한다.

그 외에 'ROY' 라는 저널리스트가 있었다(레프첸코가 말하는 'ARES' 와 동일인일 가능성이 있다). ROY는 KGB와의 일을 '상업상의 거래' 로 간주했으나 그와 접촉한 첩보 관계자는 그를 중요하게 여겼다. 일본의 고위 방첩 담당자인 'KHUN' 은 ROY의 협력을 통해 얻은, 중국에 관한 첩보를 KGB에 제공했다. 또 'SEMYON' 은 비자발적인 협력자이며 *허니 트랩(honey trap) 등에 의해 KGB로부터 협력을 강요당했다고 한다(같은 주 303, 558쪽).

레프첸코는 KGB가 액티브 메저스에 이용한 기타 수명의 저널리스트를 거명했다(같은 주 558쪽). 산케이신문의 'KANT', 'DAVEY', 도쿄신문의 'KAMUS' 그리고 전 일본 공산당원으로 뉴스레터를 발행한 'VASSIN' 이다(그 중 2명은 미트로힌 문서가 다른 이름으로 언급했을 가능성이 있다).

그 중에서도 가장 중요한 것이 산케이신문의 편집국 차장(당시) 'KANT' 다. KANT의 운영자 중 한 사람이었던 레프첸코에 의하면, KANT는 친소적 태도를 교묘하게 감추고 반소, 반중 국가주의자를 가장해 재일 KGB 기관이 운영하는 주요 영향 요원이 되었다. 서비스A의 위조문서를 가지고 그가 기사화 한 것 중 하나가 '저우언라이(周恩來)의 유서' 이다. 이것은 1976년 저우언라이가 사망한 지 얼마 되지 않은 시점에 날조된 것이다. 이 기사는 그 유서에 중국 지도부의 내부 항쟁이나 상호 불신에 관한 내용이 많이 담겨 있다고 보도했으며, 중·일 평화조약의 교섭을 저지할 의도를 가지고 있었다. KGB 본부는 기사가 사회당 기관지(「사회신보」)가 아니라 보수계 신문에 발표되는 것이 더 큰 영향력이 있다고 계산한 것이 분명하다(같은 주 303쪽).

문서의 출처를 찾으려고 열심히 노력한 중국 정부조차 당초 그 진

---

* 허니 트랩(honey trap) : 여성 스파이가 대상이 된 남성을 유혹하여 성관계를 맺은 후 그것을 이용해 회유하거나 그것을 상대의 약점으로 잡아 협박하여 기밀 정보를 요구하는 첩보 활동. 인적 첩보활동의 일종임.

위를 확인할 수 없었다고 생각한다. 그러나 철저한 조사 후 일본 첩보기관들은 '저우언라이의 유서'가 날조라고 정확히 판단했다.

이 공작에도 불구하고 KGB는 1978년 8월 12일 중·일 평화우호조약 서명을 저지하지 못했다. 조약 내용 중에는 '양국은 (생략) 패권을 확립하려고 하는 다른 어떤 나라 또는 국가 집단에 의한 시도에도 반대할 것을 표명한다'는 조항(제2조)이 있다. 이에 소련은 격분했다. 중국 측은 그 표현으로 소련의 정책을 비판한 것이다(같은 주 303, 304쪽).

1979년 가을까지 재일 KGB 기관의 라인PR은 31명의 협력자를 운영하며 24명의 비밀 접촉자를 보유했다. KGB 본부가 일본 미디어에 기만정보를 주입하여 소련 지도부의 환심을 사려고 했다는 것은 의심의 여지가 없다. 그러나 여론조사 결과에서 보듯 일본인의 대소(對蘇) 감정은 악화될 뿐이었다. 일본 국내에서 KGB의 반미, 반중 공작은 전술적으로는 성공하였지만 전략적으로는 실패한 것이다(같은 주 304쪽).

산케이신문의 반론 기사

「분게이슌주(文藝春秋)」(1993년 6월호)는 레프첸코를 인터뷰하여 KGB가 KANT를 통해 산케이신문을 반중(反中)으로 끌어들이는 데 성공했다는 발언을 게재했다.

이에 대해 '레프첸코 발언과 본지 중국 보도'라는 제목의 같은 해 5월 12일자 「산케이신문」 조간, 편집국 차장의 기명 기사는 이것을 '전적으로 허위' '우스개라고 해도 악질' '「분게이슌주」지의 독자가 본지에 관한 그의 발언을 다소나마 믿는다면 불쌍하다' 등 전적으로 부정했다.

더구나 다음 해 12월 '신 모략사관'이라는 제목의 연재(편집위원의 기명 기사)에서는 '록히드, 레프첸코, CIA 비밀자금 원조의 세 사건에는 하나의 공통점이 있다. (중략) 어떤 사건도 매우 부자연스럽게 발각되는 방법을 취하고 있다'면서 '도대체 어떤 의사(意思)가, 혹은

'저우언라이의 유서'에 대해 보도한 1976년 1월 23일자 「산케이신문」 조간 기사

〈 '한 소식통'이라고밖에 쓸 수 없는 것이 유감이지만 그 '한 소식통'이 '최근 홍콩에서 흘러온 이야기인데…' 하면서 재미있는 정보를 들려주었다.〉 교묘하게도 기사는 그런 첫머리로 시작된다.

문장 가운데 문서의 '신빙성은 의문'이라는 전문가 등의 견해를 붙였다. 한편 '유서 형식으로 남겨진 지도자들에게 교훈을 준 것이라 해도 그렇게 이상하지 않다'는 집필자의 평가가 더해져 있다. 이어 유서가 험악한 중·소 관계를 전혀 언급하지 않은 점에 주의를 환기시켰다. '만약 중·소 관계가 해빙으로 가게 되면 국제정치 밸런스가 크게 무너져 일본 외교정책에도 안전보장 측면에도 중대한 영향을 줄 것이 틀림없다'는 지적을 하고 있다. 기사의 핵심 메시지는 '문혁파를 경계' '중·소 관계 왠지 언급하지 않고'라는 제목과, '언급하지 않은 부분을 어떻게 읽는가' 하는 삽화에서 상징적으로 나타나 있다.

그러나 아이러니컬하게도 기사에 의하면 '한 소식통' 자신이 유서의 진위에 대해 '사실인지 아닌지 분명하지 않다며 양해를 구했다'고도 할 수 있다.

가끔 일정한 유보를 붙이면서 애매한 '사실'을 제시하는 한편 '사실'보다는 오히려 이에 대한 '견해'에 대해 더 선명한 인상을 가지게 만드는 것이 인지조작의 일반적인 특징이다 (이 책 188, 208쪽 참조).

어떤 힘이 작용하고 있는가?' 하고 의문을 나타냈다(1994년 12월 10일자 조간 기사). 단적으로 말하면 레프첸코 보도는 CIA에 의한 모략의 가능성이 있다는 취지를 넌지시 비추고 있는 것이다.

같은 달 7일자 같은 연재 기사는 다음과 같이도 주장했다.

《(생략) 여기서는 다음 사항을 확인하는 데 그친다. 일본의 정·

재·관계·매스컴에 걸쳐 약 200명의 일본인 에이전트가 있다는 쇼킹한 레프첸코 증언은 자신도 말하고 있듯이 대부분 '전문(전해들은 말)'에 의거한 것이었다.

레프첸코 증언 역시 (중략) '불확실성, 애매함'을 특징으로 한다. 그러나 그 '애매함' 속에 온갖 '모략'이 깃들어 있다. 그리고 모략을 18번으로 하는 것은 말할 것도 없이 CIA다.〉

일반적으로 CIA가 모략을 한다는 것은 의심할 것도 없다. 일본이 그 대상이 되는 일도 당연히 있을 수 있다.[6] 비록 동맹국이긴 해도 우선되는 것은 자국의 이익이다. 미국이 국익을 위해 일본을 이용해도 이상할 것은 없다. 따라서 CIA가 발신하는 정보를 그대로 믿거나 받아들이지 말고 끊임없이 진의를 검증하는 태도가 필요하다. 그러나 산케이 기사는 레프첸코 사건으로 드러난 KGB의 모략성에 대해서는 언급하지 않고, 전체적으로 CIA의 모략성을 강조하는 기묘한 구성으로 되어 있다.

하지만 왜 CIA가 산케이신문에 대해 그런 모략을 꾸며야 하는지 전혀 짐작이 가지 않는다. 게다가 「분게이이순주」 기사에도 명기되어 있듯이, 산케이신문의 KANT는 레프첸코가 '조종하고 있었던 에이전트'이기 때문에(기타 주1의 303쪽), '전문(傳聞)' 정보라는 비판은 전혀 적합하지 않다.

대체로 일련의 기사는 특히 중요한 '저우언라이의 유서'에 대해 언급하지 않았다. 이 '유서'에 관한 기사야말로 바로 '부정확성, 애매함'이 현저했다. 분명히 '유서'가 진정한 내용이라면 레프첸코의 발언은 완전히 빗나간 것이다. 그러나 가짜라면 왜 이것을 바탕으로 기사를 썼는가에 대한 경위가 당연히 문제가 된다.

그런데 경찰청은 1984년판 「경찰백서」에서 레프첸코 증언은 전체적으로 신빙성이 높다고 결론짓고 'KGB가 성공한 예로 날조된 「저우언라이의 유서」가 모 신문에 크게 게재된 일이 있었다'고 기술했다. 레프첸코가 지적한 대로 경찰청은 '저우언라이의 유서'를 가짜라고 분명히 말한 것이다(1983년 5월25일 중의원 법무위원회에서 야마다 히데오 경찰청 경비국장(당시) 답변).

해명·입건의 어려움

레프첸코 증언은 공안경찰의 정보활동에 비추어 전체적으로 신빙성이 높다(1984년판 『경찰백서』)는 것이 확인되었음에도 불구하고 모두를 범죄로 입건하지는 못했다. 왜냐 하면 공작 과정에서 각종 위법행위가 개입할 가능성이 있었다고 해도 액티브 메저스 자체는 위법행위가 되지 않았기 때문이다(앞서 게재한 경찰청 경비국장 답변).

법령 불비(不備)를 운운하기 전에 이 책 89쪽 이하에서 지적한 바와 같이 인지조작의 인과관계를 입증하는 것 자체가 본질적으로 어렵다.

흡연이 건강에 해롭다는 것은 지금은 상식이다. 경우에 따라서는 죽음을 재촉하는 것임이 틀림없다. 그런 담배의 폐해를 속으로는 확신하면서 본심을 표명하지 않고 흡연을 권장하는 주장이나 운동을 전개했다고 해도 살인죄나 살인미수, 예비죄로 그 죄를 물을 수 없다. 성인의 흡연은 합법이다.

　그와 같은 사정이 영향 요원의 활동에 대해서도 적용된다. 예를 들면 '저우언라이의 유서'의 목적은 중국 국내에 동요를 일으키는 동시에 일본에서 대(對)중국 불신감을 조성하는 것이었다. 그 기사가 게재되자마자 통신은 대대적으로 그것을 보도하여 최대한으로 이용했다(같은 경비국장 답변).

　그런데 그 공작이 일정한 성과를 올렸다 해도 현실적으로 어느 정도의 혼란이 중국 국내에서 일어났으며 어느 정도의 일본인이 대중국 불신감을 가졌는가를 특정하고 이것을 입증하는 것은 힘들다. 게다가 이 사례에 한해서 말하자면 전술적으로는 성공을 거두었어도 전략적으로는 실패로 끝난 것이다.

　'혹시 그렇게 될지도 모르겠다'는 기대 하에 전개되는 것이 인지조작이라고 말할 수 있다. '그렇게 될지도 모르겠다'는 가능성의 정도는 각 사례마다 다르다. 공작자가 전혀 가정하지 않은 결과로 귀결되는 것도 당연히 있을 수 있다. 그런 점에서 인지조작은 단기적인 적극적 공작에 비해 불확실한 요소가 많다.

　그렇다고 해서 그 효과를 과소평가하는 것은 잘못이다. 마치 FM30-31B가 여전히 영향력을 가지고 있듯이 '저우언라이의 유서'도 그 진위에 결말이 나지 않았으면 중·일 관계를 크게 좌우했을지도 모르기 때문이다. 스테레오타입 선전도 장기에 걸쳐서 반복·계속되는 사이에 우연한 계기로 기폭 되는 경우가 있다.

원인과 결과를 엄밀히 특정할 것을 요구하는 법적 어프로치로 인지조작에 접근할 수는 없다. 극단적으로 논하면 우리들의 생 그 자체가 불확정한 미래에 대한 투기이다. 따라서 인지조작에만 과대한 계산 가능성과 시종(始終) 일관성을 요구하고, 그것이 충족되지 않으면 인지조작이라는 개념을 배제하려는 태도는 본래 잘못된 것이다.

인지조작으로 거액의 이익

　　　　소련은 단순히 문서 위조나 영향 요원을 이용할 뿐만 아니라 아프가니스탄 침공 전후에는 준(準)군사 활동이 수반되는 갖가지 심리공작을 전개했다. 이른바 '강제성의 심리전'(이 책 50쪽)이다. 그 과정에서 아프가니스탄 주재 미국 대사가 누군가에게 납치됐다. 현지 치안당국 등이 사건 현장을 급습했을 때 미국 대사가 총격으로 사망하는, 이해하기 힘든 사건이 발생했다. 이 사건을 재료로 삼아 아프가니스탄 국내의 반소 세력을 제거하기 위한 교묘한 기만공작이 행해졌다(주3의 156쪽, 주10, 주11의 53쪽).

　한편 인지조작은 경제 분야에도 미치고 있다.

　즉, 냉전시대에 KGB는 기만공작을 전개해 소련의 정확한 곡물 수확고에 관한 미국의 분석을 교란했다. 농지의 개황은 위성에서도 정찰할 수 있다. 그러나 정확한 수치를 파악하려면 협력자의 정보가 필요하다. KGB는 미국 정보기관을 우량 농지로 유도해 정찰위성 정보의 확인 작업을 하도록 했다. 그 결과 미국은 소련의 수확고를 상향 수정하기 시작했다.

제2단계에서 소련은 미국으로부터의 수입에 의존할 필요가 없다는 견해를 전면에 내밀었다. 미국 대신에 아르헨티나, 캐나다, 오스트레일리아, 뉴질랜드에서 공급 받을 것 같은 가짜 인상을 준 것이다. 그 결과 미국에 대량 곡물 재고가 발생하기에 이르렀다.

제3단계에서는 '미국이 곡물 저장을 위해 사람과 가축에 유해한 물질을 사용하고 있다'는 소문을 퍼뜨렸다. 영향 요원을 통해 미국 농민들에게 압력을 가했다. 이에 따라 레이건과 다른 대통령 후보는 대통령(1980~84년)으로 선출되면 금수(禁輸) 해제를 발표할 것을 강요당했다. 결국 레이건은 약속을 지켰으며 미국은 소련에 곡물 구입 재개를 요청했다.

그 시기는 마침 세계시장에서 곡물 값이 최저인 때였다. 외국 무역성의 통계에 의하면 KGB가 경제 및 곡물 정책에서 전개한 적극 공작 덕분에, 소련은 2년 동안에 5억 루블의 현금을 절약할 수 있었다. 이 일로 인해 5명이 '사회주의 노동영웅'이 되었으며 수십 명이 공작에 대한 공헌으로 표창 받았다. 안드로포프(1967~1982년 KGB의 장)가 말하는 바에 의하면 기만공작 담당 부문은 유일하게 이익을 낳을 수 있는 정보 조직이다. 다른 조직은 자금을 소비할 뿐이기 때문이다(주10).

'과학적'인 프로파간다

구소련의 보도기관은 적어도 1987년 전반까지 '에이즈(후천성 면역결핍증) 바이러스는 미군 기관이 만들어냈다' '미국은 아프리카의 흑인들을 말살하기 위한 생물무기를 개발하고 있다'는 등의 기만 정보를 흘렸다(같은 해 12월 24일자 「요미우리신문」 조간 기사).

이 점과 관련해 주11의 문헌은 다음과 같이 지적한다.

〈소비에트의 비밀 적극공작 기관은 기만 정보의 유포에 종사하고 있다. 인도의 블리츠(Blitz)나 패트리어트(Patriot), 그리스의 에토스(Ethos)는 수 년 전부터 소비에트 기만 정보의 어용(御用)상인이라는 사실이 알려져 있다. 이들은 지금도 그런 정보를 계속 흘리고 있다. 소비에트는 동독의 야콥 세갈 박사를 이용해 에이즈는 미국 연구소에서 인위적으로 제조된 것이라는 허위 소문을 퍼뜨렸다. 소비에트 국내 미디어들은 더 이상 보도하지 않지만 세갈 박사는 가짜 정보를 계속 흘리고 있다.〉(주11의 52쪽).

이것은 '소비에트의 액티브 메저스와 프로파간다-고르바초프 시대에 있어서「신 사고」와 영향 공작'이라는 논문의 일부분이다. 집필자 허버트 로머슈타인(Herbert Romerstein)은 구 USIA(미국 문화정보국)에서 대(對)소비에트 적극공작실장 등을 역임했다(같은 주 156쪽).

분명히 고르바초프 소련 공산당 서기장(당시)은 '대외 정보, 선전활동의 당·정부 당국 책임자들에게 미국 및 미국의 정책에 관한 허위나 날조의 정보공작을 그만두도록 직접 지시했다'(앞의「요미우리신문」기사).

하지만 로머슈타인에 의하면 그 후에도 '1988년 12월부터 1989년 2월까지 세갈의 에이즈 기만정보는 오스트리아, 자메이카, 스페인, 브라질, 파나마의 출판물에서 반복적으로 다루어졌다'(주11의 67쪽).

에이즈 생물무기설에 대해 미 국무성은 완전 부정했다(2005년 1월 14일).

〈1992년 3월 당시 러시아 정보기관(SVR) 장관으로 나중에 총리가 된 에프게니 프리마코프는 에이즈 바이러스가 미군 연구실에서 제조된 생물 무기라는 허위 스토리에 대해 KGB의 기만공작 부문이 날조한 것임을 인정했다. 러시아 신문「이즈베스티야」는 1992년 3월 19일자 기사에서 다음과 같이 보도했다.

'수년 전 우리의 중앙지가 보도한 유명한 기사 즉, 에이즈는 아마도 펜타곤의 비밀 연구실에 유래했다고 지적한 기사에 대해 프리마코프가 언급했다. 프리마코프에 의하면 미국 과학자의 흉계를 폭로한 이 기사는 KGB의 날조라고 한다'.

소비에트는 결국 1987년 8월 미국 정부의 압력으로 에이즈 기만공작 캠페인을 포기했다.⁽¹²⁾〉

미 국무성이 일부러 이를 프로파간다로 지적한 것은 반대로 말하면 그만큼 이 에이즈 미국 음모론이 무시할 수 없는 영향력을 가지고 있었다는 것인지도 모른다. 일반적으로 아무리 과학적·객관적인 반론을 해도 모략론을 번복하는 것은 쉽지 않다. 예를 들면 미 국무성이 지적하듯이, 에이즈의 기원은 서아프리카의 침팬지 아종에서 볼 수 있는 원숭이 면역결핍 바이러스에 있다고 반론해도, 그 바이러스를 바탕으로 미국이 생물무기를 개발했다는 등 여전히 모략론을 전개할 여지가 남겨져 있기 때문이다.

SARS 생물무기설

2003년 SARS(중증 급성호흡기증후군)가 발병했을 때에 SARS 바이러스는 생물무기의 가능성이 있다고 하는 러시아인 과학자의 발언이 보도되었다.[13] 즉, '러시아 의학아카데미 회원 세르게이 코레스니코프씨에 의하면 SARS는 유행성 이하선염과 홍역의 혼합'(같은 해 4월11일자 「News24」 기사)이며 '이것은 연구소 외에서는 만들 수 없다'(같은 날짜 「Expressindia.com」 기사)고 한다. 시베리아 이르쿠츠크(Irkutsk)에서 가진 기자회견에서 코레스니코프씨가 밝혔다는 견해를 「RIA 노보스티」(RIA-Novosti 는 러시아의 통신사)가 보도해(같은 달 10일자 「Information Clearing House」 게재 기사), 그 보도 내용을 일부 미디어가 전재한 것이다.

앞서 게재된 기사는 코레스니코프의 발언과 아울러 '인공 바이러스'라고 지적한 모스크바 전염병대책국장의 발언도 보도했다. 그 국장은 '생물무기설은 약간 유보하고 싶다'고 말했지만, 그의 발언은 기사가 어떤 종류의 객관성을 갖도록 가장하는 효과를 낳았다(이 책 176쪽). 그러나 기사는 첫머리에서 SARS는 '인조 생물무기의 가능성이 있다'고 단정한 것처럼 전체적으로 '생물무기'라는 인상을 주는 방식으로 구성돼 있었다. 그리고 SARS는 중국 남부 광둥성에서 발생한 것으로 간주된다'고 매듭지었다(「Nwes24」기사). 제목과 본문에 '중국제 생물무기'라고 명기한 것도 있었다(「Expressindia.com」기사).

하긴 관련 기사를 약간 주의 깊게 읽기만 해도 SARS 바이러스는 조성을 '잘 모를 텐데'(「News24」기사) 왜 '유행성 이하선염과 홍역의 혼합'이라고 단정할 수 있는지에 대한 의문이 당연히 생긴다. 실은 원인 바이러스에 대해서는 당초 홍역, 유행성 이하선염 등을 포함하는 파라믹소바이러스(paramyxovirus)과(科)라고 판단하였으나(2003년 3월 19일자 「요미우리신문」 오사카판 석간 기사) 결국 세계보건기구(WHO)가 '코로나바이러스 신종'이라고 단정했다(같은 해 4월 16일자 「교토통신」기사).

'유행성 이하선염과 홍역의 혼합'이라는 견해는, 결국 SARS 바이러스가 이들과 같은 파라믹소바이러스과라는 당초 발표를 수용한 것이 분명하다. 즉, '유행성 이하선염과 홍역의 믹스는 자연의 상태에서는 일어날 수 없다'고 하는 생물무기설의 근거 하나가 깨끗하게 붕괴된 것이다.

에이즈 사례에 비추어볼 때 SARS 생물무기설은 러시아에 의한 대중 프로파간다라는 인상을 부인할 수 없다. 새로운 전염병은 사람들에게 공포감을 초래하기 때문에 프로파간다에는 안성맞춤인 재료다. 그 실태가 해명되지 않는 한 어떤 그릇된 견해로 이루어지는 스토리라도 반론에 구애되지 않고 과학적 분식(粉飾)을 통해 유포될 수 있다.

이와 관련해서 중국어 사이트(「.cn」 도메인)에서는 'SARS는 대만과 미국이 공모한 생물무기 공격이다'는 내용을 써넣은 것이 여기저기 눈에 띈다.[14]

제5장

모략과 모략론

모략과 모략론 / 그래도 남는 모략론의 문제 / DARPA의 엠블럼 / 10년 후의 인민군 배지 / 무기로서의 모략론 / 서브리미널 퍼셉션/세뇌 / 사이코 바이러스 / 「라스트 사무라이」라는 프로파간다 / 테크놀로지가 개선하는 현실 / 일상의 인지조작

모략과 모략론

프리 저널리스트 히가시타니 아카츠키씨는 그의 저서 〈니혼케이자이신문은 믿을 수 있는가〉에서, '무슨 까닭인지 대다수 일본 지식인은 미국의 활동을 「의도적」인 것이라고 말하면, 그것은 「음모사관(陰謀史觀)」이라고 하면서 단연코 기피하는 경향이 있다'고 지적했다. '그런 말을 입에 담기만 해도 품위 있는 지식인의 자격이 의심된다고 개탄한다'고 지적했다.[1]

완전히 증명할 수 없는 것은 일체 인정하지 않는다는 입장에 서면, 대개 입증 곤란한 인지조작이라는 테마를 다루고 있는 이 책은 '모략론(음모론)' 외에 아무것도 아니라고 일축할 것이 분명하다.

그렇지만 '모략' 그 자체는 틀림없이 현실로 행해지고 있다. 은밀한 액션은 실제로 미국 법전에도 명기되어 있다.[2] 미국이 공개하는 외교 문서에서도 그 일단을 잠깐 볼 수 있다(제4장 주9). 일반인이 생각하는 것만큼 비중이 높지 않을지도 모르지만[3] 첩보기관은 현실적으로 갖가지 모략(은밀한 액션 내지 액티브 메저스)을 전개한다. 그도 그럴 것이 성공 여부는 차치하더라도, 각 주체가 목적 실현을 위해 각자 의사와 예측에 따라 온갖 머리를 짜내는 것은 어떤 의미에서는 당연하기 때문이다. 우리들의 일상생활에 비추어보더라도 그렇게 부자연스런 것은 아니다.

히가시타니씨가 지적한 것처럼 '전략에는 음모가 따라다니며 특히 정보전략에는 선전(宣傳)이 포함돼 있는 것' (주1)이다. 아마도 미국이 가하는 경제적 외압 속에는 '경제공작'(이 책 50쪽)에 해당되는 것도 포함되어 있을 것이다.

그런데 심리공작은 첩보상 은밀한 액션(모략)의 한 유형에 해당된다. 따라서 개연성이 어떤 모략에는 인정되고 어떤 모략에는 인정되지 않는가는 심리공작에 대해 고찰할 때 무시할 수 없는 관점이 된다.

예를 들면 9·11사건은 부시 정권의 자작극이라는 모략은 성립될 수 있는가. 결론만 말하면 그것은 근거가 매우 의심스러운 '모략론'이라고 말하지 않을 수 없다. 현실성 있는 '모략'과 황당무계한 '모략론'은 구별해 생각할 필요가 있다. 그러면 모략과 모략론은 어떤 점이 다른가.

단적으로 말하면 모략론의 가장 큰 특징은 거대한 권력을 갖는 월등히 뛰어난 주체(비밀결사 등)를 가정해 놓고 마치 모든 사실이 처음부터 그들에 의해 계획되었던 것처럼 생각하는 것이다. 예를 들면 필자가 현재 이런 원고를 쓰고 있는 것조차 '라플라스의 악마'와 같이 아무개의 작용에 의한 인과(因果)의 연쇄(連鎖)로 결정되었으며, 또 그것이 누군가에 의해 예견되어 있었다고 가정한다.

누구나 많든 적든 사전에 뭔가를 계획하여 그 계획이 실현되도록 행동한다. 그때 어느 정도 계산대로 잘 진행될 것인가를 '계산 가능성'이라고 한다면, 계산 가능성이 클수록 모략론의 성격이 강해진다. 물론 이 기준은 상대적이다. 모략을 획책하는 주체는 그 모략이 성공하도록 가능한 한 모든 계산을 시도하는 것이 지극히 당연하기 때문이다. 문제는 그것이 어느 정도 실현될 것인가이다. 매우 단순해 보이는 행위조차 성공 여부를 좌우하는 요인을 전부 고려하는 것은 불가능하다. 화복(禍福)은 꼬여있는 새끼 같아서 언뜻 보기에 성공한 모략도 결국은 예상이 틀어져 역효과를 초래한 케이스가 많이 있다(이것을 '블로백(blow back)'이라고 한다).

기상 예보나 주가 예측 분야에 한정해 봐도 미래를 확실히 예견하는 것은 불가능하다. 현실에서는 개인, 단체, 기업, 국가 등 무수한 주체들이 무한하게 복잡한 움직임을 보여 상호 간섭하기 때문에 만족할 만한 예측이 힘들다. 모략론은 이것을 극단적으로 단순화해버린다.

계산 가능성은 타임 스팬(time span)에도 크게 좌우된다. 예를 들면 내일의 날씨는 지금까지의 관측 데이터에서 물리 계산식이나 슈퍼컴퓨터를 사용해 상당한 정확하게(그것도 100%는 아니다) 예측할 수 있을 것이다. 그러나 지금부터 3개월 후의 날씨를 정확히 예측하는 것은 지극히 어려운 일이다. 장기간이 되면 될수록 그만큼 예측은 더 힘들어진다.

　모략과 모략론을 확인하는 것은 결국 사람이라는 생물의 능력을 어떻게 평가하는가에 달려있다. 아무리 두드러진 천재라도 온갖 현상을 완벽하게 예측해 세계를 움직이거나 상황을 지배할 수는 없다. 이 점에서 사람들은 종종 소설이나 영화의 세계와 현실을 혼동하는 것이다. 픽션의 세계에서 작가는 신(神)의 시점에서 모든 사건을 지휘할 수 있다. 스토리의 작가는 완전한 계산 가능성을 발휘할 수 있다.

　모략론은 인식 능력에 대한 거만함의 산물이다. 모략론이야말로 바로 이 책 제2장에서 말하는 스토리의 하나다. 모략론의 영향이 뿌리 깊은 것은 그것이 세계를 뜻있게 통합하여 해석하는 매력적인 스토리를 제시하기 때문이다. 모략론자는 모략에 오싹해 하면서 동시에 모략론의 스토리에 빠진다. 모략론자는 아무리 모략론과 모순되는 사실이라도 그것을 모략론을 지지하는 재료로 바꿀 수 있다. 모략론은 무엇이든 설명할 수 있는 '만능'의 '이론'이기도 하다.

　계산 가능성을 어떻게 어림할 것인가는 상식의 문제라고 말하지 않을 수 없다. 엄밀하게 말하자면 상당히 어려운 테마이다. 그러나 우선 간단히 말하면 무엇부터 무엇까지는 애초에 완벽하게 계획되어 있었다고 말하는 억지설은 모략론으로 분류해 두는 것이 정신위생상 좋을 것이다. 까다로운 이치를 생각할 것도 없이 분명히 이상하다고밖에 말할 수 없는 주장도 많이 알게 될 것이다.

그래도 남는 모략론의 문제

필자는 현실에서 행해지는 모략과 황당무계한 모략론의 분명한 차이는 계산 가능성에 대한 평가와 관계있다고 지적하고, 그것은 상식에 따라 판단할 수 있다고 주장했다.

그렇지만 번거로운 것은 그 상식이다. 첩보활동은 적의 의표를 찌르기 위해 기상천외한 공작을 전개하여 상식을 적극적으로 배신하기도 하기 때문이다(예를 들면 제1장의 SSPL작전이나 민스미트 작전).

그것은 은밀한 액션이라는 특수한 영역뿐만이 아니다. 표준적인 협력자(스파이) 확보 공작 과정에서도 직원은 통상적으로 신분을 위장한다. 길에서 우연한 만남을 가장해 상대의 경계심을 풀면서 대상에게 접근하는 '기회 접촉' 등의 수법도 사용한다. 당연히 다수에 의한 미행·감시도 행해진다(일본 경시청 공안부쯤 되면 중요 대상자 한 사람을 추적하는 데 직원 수백 명을 동원하는 경우도 있다고 한다). 이런 조사·공작도 대상자나 대상 단체에서 보면 분명히 공안기관의 모략이라고 할 것이다.

일상생활 레벨에서는 그 같은 일은 있을 수 없다는 것을 실감하고 상식적으로 판단할 수 있다. 그러나 사정이 국제 관계 특히 첩보 관계에 이르면 그 상식이 작용하지 않게 된다.

예를 들면 경찰법이나 형사소송법을 한 줄도 읽은 적이 없어도 경찰이 어떤 조직인가는 누구나 안다. 역전(驛前)에는 파출소가 있고 거리에는 제복의 경찰관이 걷고 있다. 경우에 따라서는 직접 도움 받을 때도 있다. 그런데 첩보기관은 그렇게는 안 된다. 보통은 누가 직원인지, 어떤 활동을 하는지도 모른다. CIA나 KGB 혹은 국내 공안기관이라 해도 직접 접촉할 일이 있는 사람은 극히 예외적일 것이다.

가령 구체적인 접촉 경험이 있었다고 해도 그것은 많든 적든 한정된 경험에 불과하기 때문에 전체 모습은 결국 아무도 모른다. 극단적으로 논하면 CIA를 정말로 아는 사람은 CIA국장뿐인지도 모른다. 대부분의 사람들은 소설이나 영화를 통해 정보활동을 상상하는 수밖에 없다. 심지어는 픽션을 기준으로 삼아 첩보에 대해 논한다. 상식을 따르는 판단 기준은 분명하지가 않은 것이다. 실상을 모르기 때문에 보통 사람은 정보기관을 몹시 두려워한다. 그런 상태는 정보기관 입장에서는 좋은 일이다. 자신의 역량을 과대평가 받음으로써 공작을 유리하게 실행할 수 있기 때문이다.

상식이 명백하지 않은 것은 첩보기관원 자신도 예외는 아니다. 예를 들면 영국 SIS의 간부 킴 필비(Kim Philby)는 소련의 스파이였다. 필비와 친분이 깊은 미국 CIA의 방첩 책임자 제임스 앵글턴(James Angleton)은 그 사실을 알고 크게 쇼크를 받아 한때는 그 사실을 받아들이는 것조차 거부했다고 한다.[4] 그 일 때문에 그는 훗날 조직 내 스파이 사냥에 광분했으며 CIA는 기능 부전(不全)에 빠졌다고 한다. 그런 뒤 앵글턴은 축출됐다.[5] 첩보의 세계에서는 이처럼 현실의 자명성(自明性)이 위협받고 정신의 평형을 잃어버릴 가능성이 있다.

일반적으로 첩보기관은 모습이 보이지 않는 적 기관의 능력을 과대시하는 경향이 있다고 생각할 수 있다. 좀처럼 상대의 실상을 알 수 없기 때문이다. 자신들도 상대의 의표를 찌르려고 이것저것 책략을 쓰기 때문에 상대도 마찬가지일 것이라고 확신하며 망상한다. 스스로 모략을 획책·실행하는 자는 남의 행동도 모략의 도식으로 해석한다.

그런 사정 탓인지 필자가 보는 바로는 모략론의 신봉자가 반드시 지적(知的)으로 뒤져 있다고는 생각할 수 없다. 모략론자는 학력이나 직업, 사회적 지위 여하를 불문한다. 관료나 기업인, 변호사들 중에도 모략론자가 적지 않다. 첩보기관의 전(前) 간부도 예외는 아니다.

동서고금을 불문하고 첩보 관계자는 일반인보다 망상적 음모적인 사람이 많다는 인상을 준다. 원래 첩보기관에 취직하려고 생각하는 것 자체가 특이한데다 장래를 예측하는 작업이 그 특이성을 가중시키기 때문일 것이다.

왜냐 하면 첩보활동에서는 보통 사람이 깨닫지 못하는 희미한 징조를 간과하지 않고 적절한 해석·분석을 통해 가까운 미래의 사태 전개를 예측해야 한다. 첩보 관계자는 끊임없이 '미래 선취적(先取的)'이어야 하는데, 이것은 동시에 정신분열병 환자 내지 정신분열병에 가까운 사람들의 두드러진 특징이기도 하다고 한다.[6]

그들은 가장 멀고 가장 불확실한 징조를 가장 강렬하게 느끼며 마치 그 사태가 눈앞에 나타나 있는 것처럼 두려워하고 동경한다(주7의 8쪽).

첩보 관계자는 그런 조짐에 민감한 '조짐 공간'(같은 주 11쪽) 속에서 살아야 한다고도 말할 수 있다. 따라서 그들은 원래 정신분열병에 가까운 사람들이 많은 것인지도 모른다. 정보 분석자의 일은 역사가의 일과 다르다(제2장 주12의 1쪽). 후자가 역사의 총체를 대상으로 하는 '적분 회로적 인지(認知)'(주7의 9쪽)에 주로 의거한다고 하면, 전자는 가장 가까운 미래를 예측하는 '미분 회로적 인지'(같은 주)를 작동해야 하는 것이다.

정신분열병에 가까운 주체가 공작을 기획·실행하면 그 망상도 어느 정도 현실화되고 말 것이다.

DARPA의 엠블럼

미국방 고등연구계획국(DARPA)은 2002년 1월 테러리즘 대책 강화를 위해 '정보인지실(IAO = Information Awareness Office)'을 설립했다. 이 기관의 앰블럼(emblem)은 당초 음모론으로 종종 화제가 되는 '전능한 눈'을 상징하고 있었다. 이미 삭제되었지만 http://www.darpa.mil/iao의

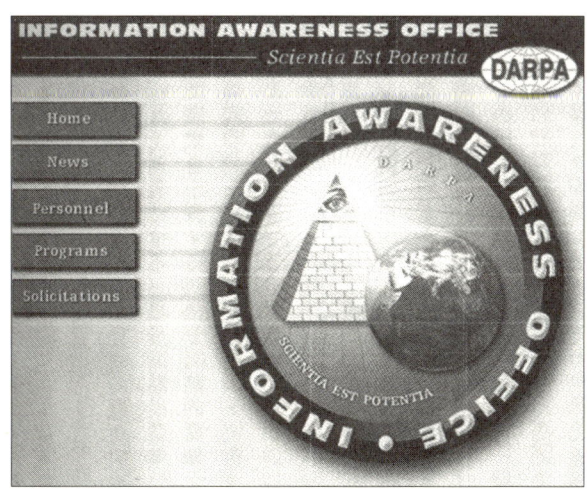

DARPA의 '전능한 눈'

웹 아카이브를 체크하면 지금도 확인할 수 있다. 'Scientia est potentia'는 라틴어로 '아는 것이 힘이다'는 의미다. 망상이나 픽션이라도 그 실체화를 시도하는 자가 나타날 가능성이 있다.

10년 후의 인민군 배지

모략론은 종종 정보 분석에도 영향을 준다. 실제로 관(官)과 민(民)을 불문하고 '분석'이라고 하면서 사건의 이면(裏面)을 읽는다는 형식으로 모략의 도식을 제시하는 경우가 드물지 않다.

모략론은 이용하기에 따라 그 자체가 판단을 교란하는 무기가 되는 경우가 있다.

예를 들면 옴 진리교는 1995년 3월20일 지하철 사린가스 사건을 일으켰다. 세계적으로도 전대미문인 그 테러 사건이 발생한 가운데 같은 달 30일 쿠니마츠 타카지 경찰청 장관(당시)이 도쿄도 아라카와구에 있는 자택 맨션 앞에서 총격을 당했다. 범인이 잠복했었다고 간주되는 장소에서 조선인민군의 배지가 발견되었다. 경시청 수사본부는 당시 '조선인민군이 장관을 저격한다는 것은 현 상태로서는 있을 수 없고, 또 범인의 움직임으로 보아 달고 있던 배지가 떨어지는 상황은 아니었다는 점에서, 범인이 일부러 눈에 띄도록 남겨둔 것'이라 보았다(같은 해 4월 2일자 「마이니치신문」 조간 기사).

실제로 그에 앞서 옴 진리교에 의한 사카모토 변호사 일가 살해사건에서, 변호사 집에 '프르샤'라고 불리는 옴 교단(敎團) 배지가 남겨져 있었다는 점, 옴이 2건의 사린가스 사건 이전부터 프로파간다에 비상한 관심을 나타냈다는 점 등을 고려해야 했다.

옴은 기관지 「바지라야나 사챠」에도 빈번히 마인드 컨트롤이나 정보 조작을 테마로 기사를 게재했다. 한 출가 옴 신자의 말에 의하면, 나치스 독일의 선전(宣傳)대신 요셉 게벨스(Joseph Goebbels)의 선전 공작 이론을 바탕으로 작성된 '존사(尊師) 이미지 작전안(案)'이라는 교단 내부 문서에는 '프로파간다' '여론 조작' '모략 방송' '데마 작전' 등의 구체적 방법이나 내용이 설명되어 있었다고 한다.

한 옴 신자는 이전에 「Der Angriff」(독일어로 '공격'이라는 뜻. 게벨스가 발간한 나치스 기관지의 명칭)라는 유명 반(反)권력 사이트를 운영했을 정도다. 「Der Angriff」는 운영자('카와카미 이치로'를 자처)의 정체가 옴 신자라는 것이 폭로된 직후인 2000년 가을에 폐쇄되었다. 단체규제법 시행 후에도 출가 생활을 계속한 카와카미 이치로는 이번에는 다른 펜네임을 사용해 인기 유명 브로커로 활동하면서 여러 권의 서적을 출판했다. 2005년 10월말에는 일본 민주당이 주최한 '브로커 간담회'에 출석해 마에하라 세이지 민주당 대표(당시)에게 '네트워크에 강한 정당이라면 즉석에 카운터 정보를 흘리는 것도 가능' 블로그의 도입은 이른바 「가난한 자를 위한 무기」' 등의 내용을 제언했다. 그가 카미카와 이치로와 동일 인물이라는 것, 옴 신자라는 것을 아무도 알아채지 못했던 것이다.[8]

카나가와 현경(현의 경찰본부)은 1989년 11월 사카모토 변호사 집을 조사했을 때 실행 부대가 떨어뜨린 프르샤를 발견하지 못했다. 이튿날 아침 사카모토 변호사의 어머니가 이것을 발견하였다. 그 때문에 옴 교단 측은 '모략'이라고 항변했다. 교단이 납치사건에 관여돼 있다는 견해를 현경이 굳히는 것은 다음 해로 넘어가서였다(1995년 9월6일자 「마이니치신문」 석간 기사).

지금 생각하면 믿기 어렵지만 그 후 아사하라 쇼코(옴진리교 교주)는 전국 방송의 버라이어티 프로그램에 출연해 '인생상담'을 하기도 했다. 적지 않은 지식인·문화인이 아사하라를 호의적으로 평가했다. 그것이 아사하라에게 권위자라는 보증이 되었다. 범인이 일부러 자신이 특정될 증거를 남겨둘 리 없고, 프르샤는 사건을 옴의 범행이라고 인상짓기 위한 모략이라는 프로파간다가 상상 이상의 효과를 발휘한 것이다.

쿠니마츠 장관 총격 사건도 수사가 암초에 부딪치자 유사한 구도가 나타났다. 2004년 7월 29일자 「요미우리신문」 조간 기사는 다음과 같이 보도했다.

〈북한 인민군 배지와 한국의 10원짜리 동전, 옴 교단 간부가 러시아에서 행한 사건 직전의 사격 훈련, 사용된 총은 일본 국내에서 입수 곤란한 미국 콜트(Colt)사의 파이썬(Python)…. 현장 맨션에서 발견된 물증이나 옴 교단에 대한 수사에서 옴 교단이 외국인이나 폭력단의 손을 빌어 쿠니마츠 장관을 저격했을 가능성이 지적되었다.

그런데 경찰청 관련 부서는 공산당 동향 파악을 담당하는 경비국 공안1과와 과격파 수사를 담당하는 공안3과뿐이다. 공안1과는 옴 교단의 정보를 모으고, 저격사건의 지휘는 공안3과가 담당했다.

결국 경찰청에서 전력을 다해 온갖 가능성을 조사하려고 했으나 제대로 되지 않았다. 간부 대부분은 충분한 근거도 없이 '저격은 옴 교단밖에 있을 수 없다'고 보고 있었다.〉

사건 당시 수사를 교란했던 인민군 배지는 10년 가까운 세월이 흐르는 사이에 실행범이 외국인이나 폭력단일 가능성을 보여주는 근거의 하나로 제시되고 있다.

분명히 '가능성' 그 자체에는 항상 온갖 가능성이 다 포함될 수 있다. 게다가 중요 지명 수배범의 행방을 포함해서 옴 사건에는 이해하기 힘든 요소가 적지 않다. 그런 '수수께끼'를 영양분으로 해서 모략론이 발효하는 것이다.

무기로서의 모략론

장관 총격사건이 미해결인 것은 인민군 배지 때문만은 아니다. 사카모토 변호사 일가 살해사건에서 보듯 대수롭지 않은 속임수가 수사를 방해하는 효과가 크다는 것을 알 수 있다.

앞서 언급한 바와 같이 모략론은 반박 곤란한 구조를 가지고 있기 때문에 상당히 대담한 혹은 황당무계한 내용이라도 좀처럼 영향력은 불식되지 않는다. 모략론의 효과를 생각하게 하는 하나의 예가 알렉산더 리트비넨코 전 FSB(러시아 연방보안국) 중령 암살사건이다.

2006년 11월26일자 「교토통신」 기사는 방사성 물질 포로늄210을 살해에 이용한 이 사건에 대해 '푸틴정권설' '체첸설' '정상설(政商說)' '자작극설'을 나열하고 '여러 가지 설이 있지만 어느 것이나 증거가 부족하고 억측의 범위를 벗어나지 못한다'는 러시아 외교전문가의 견해를 붙였다.

아마도 「교토통신」은 아무런 저의가 없겠지만, 이런 보도가 나타난 시점에 모략 정보를 흘리는 쪽은 큰 성과를 올린 셈이 된다. 왜냐하면 진실은 하나일 텐데 여러 가지 설('자작극설' 까지 포함)을 같은 비중으로 병렬적으로 취급함으로써 진실을 왜소화하는 효과를 낳기 때문이다. 이지적이고 신중한 사람일수록 그런 가설들을 하나하나 공들여 검증하려고 한다. 진상이 규명되면 곤란을 겪게 될 범인은 비난이나 추궁의 화살을 다른 데로 돌릴 수 있다. 모략론은 그것 자체가 심리전의 무기가 되는 것이다.

이런 종류의 사건에는 반드시 당사자에 대한 속성(屬性) 공격도 나타난다. 리트비넨코에 대한 공갈 의혹이 그것이다. 그가 공갈 행위를 했는지 하지 않았는지는 알 수 없다. 생전에 그가 공갈 행위를 했다고 증언하는 지인(知人)도 있지만 진실은 알 수 없다. 그러나 '없었다는 것'을 증명할 수 없으면(죽은 사람인 리트비넨코는 반론할 수 없고) 의혹은 언제까지나 남는다. 따라서 단순한 의혹에 불과해도 대

리트비넨코 암살.
2006년 말 일본에서도 크게 보도되었으며 진상을 추적하는 서적도 발매돼 있다(A. 골드파브, M. 리트비넨코 저, 카가야마 타쿠로 역, 《리트비넨코 암살》, 하야카와 쇼보, 2007년 6월 간행).

부분의 사람들의 마음에 불신의 씨앗을 심어 인식을 혼란시키는 효과가 있다.

영국 경찰은 전 KGB 직원 안드레이 루고보이를 용의자로 보고 러시아에 수사관을 파견해 사정을 청취했다. 2007년 1월 26일자 영국 「가디언」지가 루고보이는 용의자의 '충분한 증거'가 있어 머지않아 영국이 인도를 요구할 가능성이 있다고 보도했다. 루고보이는 '모든 것이 거짓이며 영국 정부의 프로파간다'라면서 사건 관련성을 부정했다(같은 해 1월 28일자 「마이니치신문」 조간 기사).

루고보이는 같은 해 5월 31일 모스크바에서 기자회견을 열어 새삼 무죄를 주장했다. 즉, 리트비넨코는 영국으로 망명한 러시아 정상(政商) 베레조프스키(Berezovskii)에게 공갈 행위를 하고 있었으며, 베레조프스키는 영국 정보기관의 협력자이기 때문에 영국 기관이야말로 사건에 관여한 증거가 있다고 반론했다(같은 달 31일자 「교토통신」 기사).

처음에는 이런 수수께끼 풀이에 호기심을 가지던 호사가들도 마침내 이유를 알 수 없는 모든 설(說)들에 질리고 만다. 일반인은 더욱 싫증낸다. 사건 담당자, 이해 관계자 혹은 직업적인 평론가가 아닌 이상 적극적으로 발언하지 않게 된다. 사건은 차츰 희미해진다.

물론 러시아 당국 내지 그 관계자가 주장하듯이 영국 첩보기관이 프로파간다를 흘리지 않는다는 절대적인 보장은 없다. 그러나 그와 마찬가지로 러시아 첩보기관이 프로파간다를 흘리지 않는다는 보장도 전혀 없다. 그런데 논자에 따라서는 왠지 전자의 프로파간다성만을 강조하고 후자의 그것은 거의 언급하지 않는다. 사실은 일부 당사자밖에 모르기 때문에 사실이 아닌, 사실에 대한 '견해'가 범람한다. 견해가 마치 사실인 것처럼 다루어져 제2의 현실을 구성한다. 견해 자체가 프로파간다인 것이다.

그렇지만 아무리 보아도 구 소련권에서 일어나고 있는 암살사건 내지 의심스러운 사건은 그 수(數)도 내용도 이상하다. 주요한 것만 해도 2004년 이래 8건에 달한다. 214명의 기자가 변사했다는 지적도 있었다(2007년 3월 10일자 「추니치신문」 조간 기사).

사건 후 저녁 뉴스 보도에서 한 여성 캐스터가 '리트비넨코씨가 살해되면 당연히 푸틴 대통령이 의심받는다. 일부러 그런 위험을 무릅쓰겠는가' 하고 뉴스 마지막에서 코멘트하던 기억이 난다. '과연 그렇겠군' 이라고 생각하게끔 만드는 견해를 내포하고 있는 것이 모략론이다. 그것은 옴이 일부러 프르샤 배지를 범행 현장에 남길 리 없다는 주장과 상통하는 논리적 구조이다.

서브리미널 퍼셉션

앞에서 '망상이나 픽션이라도 그 실체화를 시도하는 자가 나타날 가능성'을 지적했다. 실제로 극단적인 테마가 첩보기관에서는 연구되고 있다.

예를 들면 CIA의 첩보연구소(CSI = Center for the Study of Intelligence)가 발행하는 첩보지 「스터디즈 인 인텔리전스(Studies in Intelligence)」 1958년 봄호에는 '서브리미널 퍼셉션의 작전 이용 가능성'이라는 흥미진진한 논문이 게재돼 있다.[9] 이 자료는 오랫동안 기밀 지정을 받아왔다가 1994년에 공개가 허가된 것이다.

서브리미널 퍼셉션(subliminal perception, 잠재의식적 지각)이란 사람이 의식 가능한 자극역 이하의 자극에 대해 반응하는 현상을 말한다. 앞의 논문은 '뉴저지의 한 영화관에서 팝콘 판매고가 신장된 것은 구매를 촉진하는 광고가 서브리미널에 삽입된 것이 이유라고 말한다'는 것을 설명하는 사례를 들면서(주9의 65쪽) 다음과 같이 설명했다.

〈사람을 자극했을 때 그 사람이 자극을 의식하는 일 없이 특정한 행동을 취하게 하는 기술을 작전에 이용할 수 있는지 없는지가 과거 상상력이 풍부한 정보관들의 관심을 끌어왔다. 서브리미널 퍼셉션의 작전 이용 가능성에 대한 관심 이전에는 최면 기술, 초감각, 여러 종류의 조건부 상황들이 진지하게 검토되었다. 각각의 기술에 대해 특정 개인은 특정 시간, 특정 환경 하에서 영향을 의식하지 않고 혹은 적어도 적의를 품지 않고 이상한 행동을 취하도록 영향을 받는 것으로 나타났다.

그런데 이런 수법을 주의 깊게 연구한 결과, 때로는 극적인 결과를 낳는다고는 하지만 신뢰성이 결여돼 있으며, 바람직한 결과를 얻기 위해서는 매우 정확한 컨트롤이 필요하다는 점에서, 작전상 용도는 극소수 특수한 경우에 한정된다는 것이 판명되었다. 필요한 인물을 같은 시각에 면밀히 컨트롤 된 상황 하에 배치한 케이스다. 신뢰성의 결여와 관련해 관찰된 주요 위험성은 플래시백(flashback, 과거의 회상 장면으로의 전환)이다. 결국 부주의로 인해 목표한 결과와는 반대의 결과를 초래하는 것이다. 서브리미널 퍼셉션을 실무상의 컨트롤 설득 기술로 사용하는 것도 같은 곤란에 빠지기 쉽다.〉(같은 주 66쪽)

대상자의 서브리미널에 작용해, 왜 자신이 그런 행위를 하고 있는지, 대상자 본인도 이유를 알지 못한 채 기밀을 누설하게 하거나 파괴 공작을 행하게 할 수 있으면 첩보활동 상의 이용 가치는 헤아릴 수 없이 크다. 만약 행위가 드러나도 도대체 누구의 지시를 받았는지 자각할 수 없으면 증거도 남지 않는다. 그래서 앞서 게재된 논문은 서브리미널 퍼셉션을 공작에 활용하려면 어떤 문제를 해결해야 하는지 고찰하고 있다.

〈서브리미널 퍼셉션을 이용하는 것은 자극의 근원을 대상자가 알아채지 못하게 하기 위해서다. 무엇을 하고 있는지 의식하지 못하게 하는 것이 아니라 왜 그런 짓을 하는지 깨닫지 못하게 한다. 그 때문에 외부적인 신호나 메시지를 서브리미널 퍼셉션으로 은폐하여 인식하지 못하는 동기를 자극하는 것이다.

신뢰성이 있는 작전 기술로 서브리미널 퍼셉션을 이용할 수 있도록 발전시키기 위해서는 다음 사항이 필요하다.

① 이미 존재하는 적절한 동기를 환기시키는 서브리미널한 신호나 메시지의 내용을 정한다.

② 자극이 효과를 발휘하지만 의식되지 않는 강도의 한계를 결정한다.

③ 이미 존재하는 어떤 동기가 목표한 이상 행동을 환기하는가, 어떤 상황에서 그것이 기능을 발휘하는가를 결정한다.

④ 행동 그 자체를 의식했을 때 발동하는 방위(防衛) 반응을 억제한다.〉(같은 주 67, 68쪽)

결국 1958년 당시 기사는 다음과 같이 서브리미널 퍼셉션의 작전 이용 가능성에 대해 부정적인 견해를 나타냈다.

〈신호와 (작용을 받는) 기본적인 동기를 은폐하여 개인의 방위 기제를 자극하지 않기 위해 서브리미널한 구조를 이용해도 결과로서 나타나는 이상 행동, 의미나 결과 그 자체에 대한 의식의 영향을 억제할 수 없다. 서브리미널에 신호를 보내고 목표한 행동을 취하도록 설득했다 해도, 의식하지 못하게 하거나 혹은 방위 기제나 합리적 저항을 환기시키는 일 없이 행동에 영향을 줄 수는 없다. 서브리미널한 메시지를 대상자에게 전달하려고 해도, 파악할 수 없는 변화의 폭이나 많은 불규칙성이 존재한다는 점에서 작전상 실행 가능성은 극히 한정되어 있다.〉(같은 주 69쪽)

그러면 미국과 관계없이 각국은 서브리미널 퍼셉션 연구를 전적으로 포기했으며 이 테마에 아무런 관심도 없는 것일까. 그렇지 않은 것 같다.

2004년 6월22일자 「신화망」 기사(「중국국방보」에 전재[10])는 정보기술의 현저한 진전에 의해 심리전 수단도 발전하고 몇 가지 새로운 특징을 나타내고 있다고 보도했다. 그 하나로 '심리 자극의 열성화(중국어로는 '은성화(隱性化)', 즉 비현재화(非顯在化)라는 의미)'라는 것을 들었다. '열성화'란 감추어진 자극으로 사람의 잠재의식에 작용해 정신활동에 변화를 일으키고 그에 의해 목표한 심리 반응과 행위를 유도하는 것이라고 한다. 요컨대 서브리미널 퍼셉션 기술이다.

이 기사는 '한 조의 컬러 도안을 택하여 텔레비전 혹은 컴퓨터의 스크린 상에 삽입했더니 피험자를 일종의 최면상태로 빠뜨릴 수 있었다'고 하는, 러시아에서 시행하였다는 전문적인 실험에 대해 언급했다. 그리고 '심리자극의 열성화' 원리에 의해 텔레비전, 영화, 네트워크 속에 소정의 화상(畵像) 정보를 삽입하면 무의식중에 적(敵)의 인지, 감정, 의사, 행위를 변경시킬 가능성이 있다고 지적했다.

또 IO 전문가인 도로시 E. 데닝(Dorothy E. Denning, 조지타운 대학 컴퓨터과학 교수)은 애니메이션「포켓몬」방영이 광(光)과민성 발작을 유발한 사례를 들어 텔레비전 영상이 정보전 무기로서 잠재적 영향력이 있다는 점에 주목했다(주11의 102, 103쪽).

세뇌

서브리미널 퍼셉션과도 관련되는 것이 이른바 세뇌다. 「스터디즈 인 인텔리전스」(Vol.51 NO.1)의 '정보관의 서가'라는 제목의 기사는 도미닉 스트릿필드(Dominic Streatfeild)의 〈세뇌-마인드 컨트롤〉이라는 저서에 대한 서평에서 세뇌에 대해 해설했다.(12)

기사에 의하면 세뇌(brain washing)라는 말이 미국서 사용되기 시작한 것은 CIA 출신 저널리스트 에드워드 헌터가 1950년 9월 24일자 「마이애미 데일리 뉴스」기사에서 중국어의 '세뇌'를 직역하여 사용한 것이 최초다. 그가 세뇌라는 말에 주목한 것은 재교육 과정에 놓인 중국인 수형자(受刑者)를 취재한 후라고 한다. 그 후 헌터는 KGB가 숙청시대에 억울한 죄수로부터 자백을 이끌어내는 데 사용한 심문 기술에도 세뇌라는 말을 썼다. 거기서 마인드 컨트롤, 심리개조, 행동 교정(behavior modification) 등의 개념이 생겼으며 결국

〈그림자 없는 저격자(The Manchurian Candidate)〉라는 픽션의 소재가 되었다.

스트릿필드는 그의 저서에서 1950년부터 현재까지 정부가 지원한 세뇌 연구를 추적하여 미국, 캐나다, 영국, 덴마크가 시행한 합법적 연구에 대해 요약했다. 연구는 서브리미널 학습, 유도 기억상실(induced amnesia), 약물(특히 LSD) 이용에 관한 것이다. 결국 어떤 사례도 과학적으로 예측 가능한 결과를 내지 못했다. 그 때문에 연구를 포기했다고 한다.

기사가 언급하고 있는 〈그림자 없는 저격자〉에서는 한국전쟁에서 포로가 되어 세뇌를 받은 한 미군 병사가 귀국 후 어떤 신호를 계기로 최후에는 미국 대통령 후보 암살을 시도한다. 이 소설은 1962년 같은 타이틀로 영화화되었다. 이상하게도 그 이듬해 케네디 대통령 암살사건이 일어났다. 2004년 리메이크 된 영화 「크라이시스 오브 아메리카」에서는 이야기의 발단이 걸프전으로 설정됐으며 IC칩을 체내에 넣고 기억을 조작·날조하거나 영상 편집으로 스캔들을 은폐하는 등 현대적인 스토리로 마감했다.

사이코 바이러스

미국 통합참모대학과 NSA(국가안전보장국)가 공동 작성한 교과서 〈정보작전〉(제1장 주23)에 의하면 러시아 군사 과학자들은 대상이 되는 청중(TA=Target Audiences)의 가치, 감정, 신념에 영향을 주는 정보전 능력뿐 아니라 군인의 사고 과정에 작용하는 방법에 대해서도 연구하고 있다고 한다.

〈정보작전〉에 의하면 러시아 의회 안전보장위원회가 내용을 담보하는 〈정보전〉이라는 제목의 문헌은 인간의 행동을 결정짓는 알고리듬(모델화의 방법도 포함)을 이용함으로써 정신을 조작하는 방법에 대해 연구하는 것 같다. 인간도 컴퓨터와 마찬가지로 정보 시스템(오성(悟性)의 과정)에 바이러스가 들어갈 가능성이 있다고 하면서, 저자는 이것을 '사이코 바이러스'[13]라고 명명했다. 시사적(示唆的)인 영향을 줌으로써 '정신의 알고리듬'을 변화시키거나 객관적인 판단을

218

방해할 수 있을 것이라고 했다(제1장 주23의 196쪽).

SIGINT(신호 첩보) 기관인 러시아 연방정부 통신정보국(FAPSI)의 이고르 파나린 대령은 1997년 회의에서 정부·군대 내부의 정보·심리 부서를 충실하게 할 필요가 있다고 발언했다. 이들 부서의 역할은 러시아 사회의 정신생활을 지배하려고 하는 기도를 방지하거나 무력화하는 전략·전술적 수단('심리 방위 전략')을 발전시키는 데 있다고 했다(같은 주 197쪽).

설득 기술도 정보작전 수단으로 중시되고 있다. 특히 '내성적 제어'(reflexive control)라고 불리는 개념은 주도면밀하게 준비한 정보를 대상으로 전달함으로써 그 대상이 자발적으로 공작자가 바라는 의사결정을 하도록 유도하는 것이라고 정의된다. 내성적 제어는 정보에 의해 '주의를 다른 데로 돌리게 해 과대 부하를 주고, 마비시키고, 소모하게 하고, 속이고, 분단시키고, 달래고, 억제하고, 도발하고, 시사하고, 혹은 압력을 가한다'고 한다(같은 주 197, 198쪽).

기타 보도(報道)의 범위에서는 다음과 같이 부분적으로 믿기 어려운 심리전 기술도 러시아에서 연구되고 있는 것 같다.

- 군의 10003부대는 컬트(cult)집단의 권유·세뇌 기술을 연구하고 있다.
- 전략 로켓부대에서는 대(對)초능력 훈련이 행해지고 있다. 외부인이 로켓을 발사하는 사람의 사고(思考)를 빼앗는 것을 방지하기 위해 심리 방벽을 구축하는 것을 목적으로 한다.

- 국방성의 점성술가는 비행기 사고 등의 현상을 예측한다.
- '25번째 프레임 효과'의 실천. 영화나 CG동화의 '25번째의 프레임'에 서브리미널 메시지를 삽입한다(영화는 보통 24코마의 프레임으로 만들어진다).
- 군인의 두부(頭部)에 전자 임펄스(impulse)를 가해 심리적·육체적 상태를 조정한다.
- 원격시(視), 심리 기기〉(같은 주 198쪽)

이런 내용은 마치 옴 진리교에 의한 왕년의 '과학연구'를 방불케 한다. 실현 가능성, 실효성 여부를 따지기 이전에 심리공작의 발상 즉, 독특한 일종의 이상한 조작관을 여실히 나타내고 있는 점이 주목된다. 결국 그런 관념을 당국자들이 널리 공유하고 있다면 당연히 그에 따른 심리공작을 전개할 것이 예상되기 때문이다.

「라스트 사무라이」라는 프로파간다

영화도 심리전 수단으로 적극 활용되고 있다. 제2차 대전 중 미국 프로파간다 활동의 일익을 담당한 전시정보국(OWI=Office of War Information)에는 영화국(BMP=Bureau of Motion Pictures)이 설치돼 정부의 프로파간다 영화를 지도했다.[14] 명작 「카사블랑카」는 제2차 대전 중 대독(對獨) 프로파간다로 기획된 할리우드 영화다.[15]

영화와 첩보는 지금도 무관하지 않다. 할리우드의 주요 스튜디오, 텔레비전, 네트워크 등과 백악관 사이에는 오락산업이 테러와의 싸움에 어떻게 공헌할 수 있는가에 대해 '활발한 의견 교환'을 하고 있다. 미국 영화협회장 잭 발렌티는 '의견 교환은 할리우드의 창조적인 상상력에다 설득 기술을 이용해 테러와의 싸움을 지원하고, 언젠가 미국인이 다시 평온한 생활을 할 수 있게 하는 것을 목적으로 한다'고 말했다. 그는 1960년대 린든 존슨(Lyndon Baines Johnson) 대통령 고문으로 근무했던 인물이기도 하다(2001년 11월12일자 「CNN」 인터넷판 기사[16]).

최근에는 2003년 12월 개봉되어 일본에서 영화를 초월한 '무사도 붐'을 일으킨 히트작 「라스트 사무라이」가 인지조작의 관점에서 주목된다. 분명히 이 영화가 일본에서 대미(對美) 협조 여론을 고양하기 위해 미국 정부가 심리공작 일환으로 기획했다고 지적할 만한 근거는 없다. 감독은 착상은 어떤 의미에서 「7인의 사무라이」를 본 10대 무렵까지 거슬러 올라간다고 말했다.[17]

그러나 다음과 같이 적어도 결과적으로는 알맞은 '프로파간다 영화'로 일본 정부에 이용되었다는 것은 부정할 수 없다.

즉, 이라크전이 일어나기 1년 전인 2002년 10월 8일 오사카에서 「라스트사무라이」 제작 발표 기자회견이 있었다(개전은 이듬해 3월 20일).

2003년 8월28일에는 주연인 톰 크루즈가 일본으로 와서 코이즈미 총리(당시)를 관저로 예방했다. '영화를 통해 무사도 정신에 매료된 크루즈가 일본을 대표하는 인물로 굳이 총리 예방을 희망했다. 20분간의 환담에서 총리는 입장료를 내고 꼭 보러 가겠다며 관람을 약속했다'고 한다(같은 달 29일자 「일간 스포츠」 기사). '할리우드의 톱 배우가 한 편의 영화로 두 번이나 일본에 오는 것은 있을 수 없는 일. (생략) 빡빡한 스케줄에도 불구하고 온 것은 코이즈미 총리와의 대면이라는 「트릭 플레이(trick play)」가 큰 요인인 것 같다'고도 이 신문은 보도했다. 약속대로 같은 해 12월 27일 코이즈미 총리는 영화를 관람했다(같은 달 28일자 「추니치신문」 조간 기사).

이라크전에 대한 지지를 표명한 후인 같은 해 5월의 방미 때에는 '금년이 페리 제독의 일본 내항(來航)으로부터 150년이 되기 때문에 총리는 미·일 교류 역사를 소개한 비디오를 지참했다. 무사도와 관련해서는 「BUSHIDO(편집자 주 : 무사도의 영어식 표기)」라고 클로즈업 되어 있었다'고 했다(같은 달 24일자 「니시니혼신문」 조간 기사). 정부가 이라크 부흥지원 특별조치법안과 테러 대책 특별조치법 개정법안을 동시에 국회에 제출한 것은 같은 해 6월 13일이다.

그 이라크 부흥지원 특별조치법에 따라 자위대는 해외로 파병됐다. 2004년 2월 1일 육상 자위대 본대의 대기(隊旗) 수여식이 홋카이도 아사히가와시의 아사히 주둔지에서 코이즈미 총리, 이시바 시게루 방위청 장관이 참석한 가운데 거행되었다. '제1차 이라크 부흥지원군' 책임자인 반쇼오 코오이치로오 대령은 식이 끝난 후 격려 모임에서 '무사도 나라의 자위대 간부답게 규율을 지키며 임무 완수에 전력을 다하겠다고 결의했다(같은 달 2일자 「오키나와 타임스」 조간 기사). 대기 수여식에서 반쇼오 대령의 발언을 들은 북부 방면대 간부는 '부하들에게 「라스트 사무라이」를 보도록 권했다'(같은 달 17일자 「홋카이도신문」 석간 기사)고 한다.

이어지는 같은 달 3일의 항공자위대 치토세 기지에서의 전송식에서 하마타 야스카즈 방위청 부장관은 '이라크 사람들을 위해, 세계의 평화를 위해, 무사도(BUSHIDO) 나라의 자위대의 기개를 보여주기 바란다'고 발언했다(앞의 기사).

만약 이 영화 없이 당돌하게 자위대 식전(式典)에서 무사도가 강조되었다면 적지 않는 사람들에게 기이한 인상을 주었을 것임이 틀림없다. 해외 파병에 대한 찬의(贊意)를 국민에게 환기시키기는커녕 시대착오라는 느낌을 갖게 했을 것이다.

이라크 파병에 관한 국회 질의에서도 자민당 후루카와 요시히사 의원은 '일본 정신문화를 새삼 할리우드 영화를 통해 깨달았다'(같은 해 3월 25일 중의원 안전보장위원회)면서 상기된 말투로 몇 번인가 영화를 증거로 내세웠다.

주(駐)오스트레일리아 일본 대사관의 웹사이트에 실린 '일본의 문화외교'라는 영문 스피치 원고도 「라스트 사무라이」를 언급했다. 톰 크루즈가 니토베 이나조의 〈무사도〉의 영향을 받았다는 것을 언급하면서, 〈무사도〉가 많은 미국인들을 감동시켜 일본인 및 일본에 대한 공감을 갖게 했다고 썼다.

그리고 니토베의 〈무사도〉가 한 역할은 조셉 나이(Joseph S. Nye, 미국을 대표하는 자유주의 국제정치학자)가 말하는 '소프트 파워'에 해당되며, 소프트 파워는 정부의 프로파간다보다 더 강력한 영향력이 있다고 주장했다.[18]

그러나 무사도는 제2차 대전 당시에는 「라스트 사무라이」와는 전혀 다른 묘사를 하고 있었다는 것을 명기해 두어야 할 것이다. 「너의 적, 일본을 알라(Know Your Enemy-Japan)」라는 미군의 프로파간다 영화는 서두에서 아라키 사다오 육군대장(GENERAL SADAO ARAKI)의 말을 빌어 '칼은 쇠의 바이블이다'고 하면서 일본인의 호전성을 강조했다.

무사도에 대해서는 '한 사람의 우월한 자에 대한 절대적인 충성, 싸움에서 무모한 용기를 칭찬하는 한편 더 중요한 것은 적에 대한 기습, 어둠을 타고 불시에 습격을 장려하는 모반과 배신의 기술'이라는 해설을 덧붙였다. 일본이 진주만에서 비열한 기습 공격을 했다고 말한 것이다.

'용기'와 관련해 전쟁 전에 미군은 *미토 코몽의 말'이라는 것을 선전 전단에 게재해 투항을 권유했다.⁽¹⁹⁾ 이것은 니토베 저 〈무사도〉가 도쿠가와 미츠쿠니의 말이라고 하여 '살아야 할 때 살고 죽어야 할 때 죽는 것은 진정한 용기니라'라고 기술한 것을 이용한 것이라고 추측된다. 미군은 PSYOP를 위해 〈무사도〉를 정독하고 있었다고 생각할 수 있다. 심리공작은 대상의 논리(스토리)에 입각하면서 전개되는 것이다.

하지만 '일본 정신문화'를 왜 할리우드가 가르쳐야 하는지 필자로서는 전혀 이해가 가지 않는다. 왜 톰 크루즈에게서 무사도의 깨우침을 받아야 하는지도 모르겠다.

---

* 미토 코몽(水戶黃門) : 도쿠가와 미츠쿠니. 에도 전기(前期) 미토 영주(藩主).

그러나 후루카와 의원도 지적하다시피 「라스트 사무라이」가 많은 일본인에게 정서적 반응을 일으킨 것은 틀림없는 사실이다. '미토 코몽의 말' 처럼 혹은 베트남 전쟁에서 성검 전설이라는 민족 신화를 이용한 것처럼 인지조작은 교묘하게 대상의 심리에 작용하는 것이다.

테크놀로지가 개선하는 현실

2005년 9월 4일자 영국 「옵서버」지 인터넷판은 입수한 정부 문서를 기초로 SIS(M16)가 '블랙 프로파간다'를 전개하고 인터넷을 이용해 테러 조직에 침투할 것을 계획했었다고 보도했다.[20] 다시 말해서 정체를 감춘 반(反)서양의 프로파간다를 흘림으로써 테러 조직의 신뢰를 얻어 접근한 후 폭력에 부정적인 태도를 취해 조직을 교란한다는 계획이다.

그 문서란 영국 외무성의 첩보 책임자(2004년 7월 이후 합동첩보위원회 위원장으로 취임)가 정부의 안전보장·첩보조정관 앞으로 보낸 같은 해 4월 23일자 친전(親展)이다.[21] 이 문서를 보면 사우디아라비아나 이집트의 치안기관이 이미 같은 프로파간다 공작을 전개해 SIS가 이것을 모방할 것을 검토했다는 것을 엿볼 수 있다.

SIS가 계획했다고 여겨지는 공작은 적으로 위장해 적에게 접근한다는 '폴스 플래그 오퍼레이션(false flag operation)'이다. 2007년 5월 3일 미국 상원 국토안전보장·정부문제위원회에서 조지워싱턴 대학 국토안전보장정책연구소장은 인터넷상에서 과격파를 가장한 '허니팟(honey pot) 사이트'를 이용함으로써 폴스 플래그 작전을 실행할 것을 제안했다.[22] 익명성이 높은 인터넷은 회색·흑색선전을 전개하기에 안성맞춤인 매체다.

인터넷뿐 아니라 갖가지 수단에 의한 프로파간다 전파가 시도되고 있다. 2006년 7, 8월의 레바논 공격으로 이스라엘은 온갖 신·구 PSYOP 수법을 실행했다. 전통적인 리플릿(leaflet, 전단광고)의 살포나 라디오 방송에 의한 선전 외에 휴대전화에 대한 선전 메시지 및 선전 메일 일제 발신, 히즈볼라(Hizbollah)가 운영하는 위성방송국의 전파 잭 등이 행해졌다(같은 해 7월 26일자 「BBC」 인터넷판 기사[23]).

이라크·아프가니스탄에서는 미국이 수만 개 이상의 아이팟(iPod)과 같은 정보 단말기를 배포했다. 자금을 미국이 제공하고 미국에게 유리한 정보가 흐르게 했다. 미국 국제개발국(AID)은 아프가니스탄에 있는 30개의 라디오 방송국을 원조하고 있는데, 그 사실을 청취자에게 알리지 않았다(2005년 12월 11일자 「뉴욕 타임스」 인터넷판 기사[24]).

보스니아 분쟁에서도 통상의 텔레비전 영상에 허위 나레이션(narration)을 입힘으로써 프로파간다에 이용한 실례가 있다(주11의 104쪽).

미디어 영상이 조작에 취약하다 해도 태반의 사람은 자신이 직접 보고 듣고 체험한 것을 의심하지 않는다. 더구나 지금으로부터 20년 내에 질감이 뛰어난 홀로그램(hologram)을 공중에 투영하는 것이 가능하게 될 것이라는 예측도 있다. 오감을 통해 직접 경험하는 정보마저 조작의 대상이 될지도 모르는 것이다(같은 주).

일상의 인지조작

인지조작이 문제가 되는 것은 꼭 군사·첩보 사례에 한정되지 않는다. 민간 기업의 광고나 정부·정당의 홍보도 운용에 따라 PSYOP의 성격을 강하게 띤다. 그렇게 하는 것이 국민 생활에 직접적인 영향을 미치기 때문에 결코 그것을 무시할 수 없다.

우정(郵政, 편집자 주 : 한국의 과거 체신부에 해당) 민영화의 의의를 PR하기 위한 정부 홍보인 '우정민영화란 그랬던 것이다 통신(通信)'이라는 광고지가 한 예다. PR회사가 작성한 광고지 기획서(2004년 12월 15일자 '우정 민영화·합의형성 커뮤니케이션 전략(안)'는 국민을 A층(재계에서 잘 나가는 기업, 대학교수, 매스미디어(텔레비전), 도시 화이트컬러), B층(코이즈미 내각 지지 기반. 주부층과 청소년, 실버층. 구체적인 것은 모르지만 코이즈미 총리의 캐릭터를 지지하는 층. 내각 각료를 지지하는 층), C층(구조개혁 저항 수구파)로 분류했다. 또 A, C층을 IQ가 높은 층, B

층을 낮은 층으로 설정하고 B층에 초점을 맞춘 철저한 교육 프로모션이 필요하다고 기술했다.

정부는 국회에서 '구조개혁이나 경제에 관한 이해도는 국민 각층 사이에 차이가 있기 때문에 (생략) 알기 쉬운 말로 홍보할 필요가 있다'고 답변했다(2005년 6월 28일 우정 민영화에 관한 특별위원회).

이 PR회사는 '분석은 전 국민에게 획일적인 메시지를 보내는 것보다 가치관이나 라이프스타일에 맞춰 다른 메시지를 보내는 쪽이 관심을 높이기 쉽다는 판단 하에서 우리 회사가 정보 전략의 통상 수단에 따라 행한 것이다' '이런 시장 세분화(segmentation)는 커뮤니케이션 전략 선진국인 미국 PR회사들이 오히려 유권자에게 유익한 방법이라고 인정하고 있다'고 설명하고 '지적 받을 만한 차별 의도는 전혀 없었다'고 했다(같은 해 9월 15일자 '우정 민영화 플라이어(전단) 전략의 내용에 관한 견해라고 사과').

세분화란 기존 고객이나 잠재 고객군을 그 속성이나 행동양식 등에 따라 분류해 특정한 시장 규모를 갖는 단위까지 분할하는 것이다. 원래 효과적인 PSYOP를 전개하기 위해서는 특정한 수취인 (TA=Target Audiences)을 대상으로 선정해 그 특성을 충분히 파악할 필요가 있다고 한다. 그런 점에서는 정부의 홍보 전략도 군사·첩보 상의 인지조작과 큰 차이가 없다.

한편 2007년 7월 참의원 선거 전후로 자민당은 '사회보험청 자폭 테러론'이라는 것을 활발히 선전했다. 사회보험청이 조직 보존을 위해 스스로 만든 정보를 흘림(leak)으로써 의도적으로 혼란을 일으켜 정부·여당이 추진하는 사회보험청 개혁을 방해하려 한다는 설도 있었다. 필자는 이 주장에도 PSYOP의 의심이 든다.

나카가와 히데나오 자민당 간사장(당시)이 공식 사이트에 올린 기사를 보면, 이 설은 당초 나카가와씨의 가정이나 인상, 의심에 불과하며 아무런 뒷받침이 없었다는 것을 알 수 있다. 그것이 나카가와씨의 발언으로 보도되는 사이에 사실인양 유포되었으며 저명한 뉴스 캐스터나 정치평론가까지 이를 추종했다. 아베 총리도 유세에서 '자폭 테러에 의한 개혁 방해'라고 공격했다(같은 해 7월 22일자 「이와테일보」 조간 기사).

그런데 이 사회보험청 모략설은 그 진위(眞僞)와 무관하게 아무런 증거를 제시하는 일 없이 민주당 의원들의 연금 문제 추궁을 왜소화하는 효과가 있었다. 연금 문제를 정면에서 논하지 않고 민주당에 데미지를 줄 수 있었기 때문이다.

같은 해 1월에는 칸사이 텔레비전이 제작하는 '발굴! 아루아루 대사전Ⅱ' 프로그램에서 정보 날조가 발각돼 큰 사회문제가 되었다. 프로그램의 방송작가는 그 직전에 자신의 블로그에서 '(일본인의) 식(食) 행동에 대해 정보를 조작할 수 있다는 것이 된다'고 썼다(같은 해 2월 5일자 「마이니치신문」 석간 기사). 방송 프로그램에서 여러 번 코멘트를 한 한 대학 교수는 스폰서의 주력 상품의 성분 물질에 관한 연구가이기도 했다.

*아루아루 사건은 과학적 체면을 갖추면서 그럴싸한 권위를 부여하기만 하면 아무리 자의적이고 근거가 희박한 주장이라도 몇 년 후 간단히 대다수 국민을 기만하여 그 인지를 조작할 수 있다는 것을 가르쳤다.

---

* 아루아루 사건 : 칸사이 텔레비전이 제작하고 2007년 1월 후지 텔레비전이 방송한 버라이어티 프로그램 '발굴! 아루아루 대사전Ⅱ'에서 프로그램의 주요 부분이 날조된 사건. 이 프로그램은 낫토를 먹으면 살이 빠진다는 내용이었다. 방송이 종료되자 낫토 매상이 급증하는 등 반향이 컸다. 그런데 낫토에 다이어트 효과가 있다고 증언했던 미국 대학교수의 코멘트나 실험 데이터 등이 날조였다는 것이 판명돼 프로그램은 중단됐다.

제6장

대항수단

미 국무성이 역설하는 그릇된 정보 분별법 / 프로파간다 분석의 SCAME / 프로파간다 대처 방법 / 기만공작의 해명 / 공성계의 교훈 / 정보 제공자 확인 / 기만공작 대처 이론 / 기만공작 대처시 함정 / 인지적 불협화 이론

미 국무성이 역설하는 그릇된 정보 분별법

일본 국내에서 일어나는 사건조차 그 진상을 간단히 알 수 없다. 그것이 국제문제가 되면 배경은 더욱 복잡해진다. 무엇이 진짜인지 전혀 알 수 없고 직접 정보를 검증하는 것도 어려움이 많다. 그러면 어떻게 정보에 대처하면 될까?

미 국무성이 저널리스트나 뉴스를 읽는 사람들을 대상으로 정보의 진위 분별법을 설명하고 있으니 참고하기 바란다.[1]

하지만 미 국무성이 드는 설명 사례는 국무성에 의한 역(逆)프로파간다의 성격을 가지고 있다. 필자는 국무성의 주장이 대체적으로 진실이며 타당하다고 판단한다. 개중에는 논거가 부족하게 느껴지는 것도 있으나 이는 보고 판단할 수 있다. 아무튼 일부를 소개하고 필요에 따라 주석을 붙이기로 하자.

미 국무성에 의하면 정보의 진위를 분별하는 방법에는 분명한 법칙이 있는 것은 아니다. 하지만 다음과 같은 단서가 주장의 진위를 판단하는 데 참고가 된다고 한다.

① 정보가 음모론(모략론)의 패턴에 해당되는지 여부
② 정보가 도시(都市) 전설의 패턴에 해당되는지 여부
③ 논의가 크게 나누어지는 문제에 대해 정보가 충격적인 폭로를 내포하는지 여부
④ 정보원이 신뢰할만한 가치가 있는가
⑤ 더 조사해보면 뭔가 알 수 있겠는가

| 음모론(모략론)

① 의 음모론 패턴이란 강하고 사악한 힘이 은밀히 사건을 조작하고 있다는 것을 말한다. 음모론은 강한 소구력(訴求力, 잠재 소비자에게 호소하는 강도)이 있고 널리 믿어지고 있지만 진실인 것은 드물다. 현실적으로 보통 사건은 재미가 결여된 설명으로도 부족함 없이 설명할 수 있다.

미국의 군사 · 정보기관도 음모론의 알맞은 제재다. 예를 들면 소련 기만공작 기관은 정치적 사건뿐 아니라 광범한 자연 재해까지 미국 군사 · 정보기관의 조작이라고 비난했다.

그 하나인 에이즈 미군 생물무기설은 이미 나와 있는 대로다(이 책 184쪽 이하 참조).

프랑스 작가 티에리 메이산(Thierry Meyssan)은 그의 저서 《9 · 11

대단한 거짓말〉에서 2001년 9월 11일 펜타곤에는 한 대의 비행기도 격돌하지 않았다고 허위 주장을 했다. 그의 말에 의하면 건물을 파괴한 것은 순항 미사일이며 미 정부 내의 일파(一派)가 발사한 것이라고 한다. 그런 터무니없는 음모는 존재하지 않으며 대다수 목격자의 증언, 현장에서 수집된 증거에서도 공중 납치된 비행기가 건물에 격돌한 것은 확인되었다. 그럼에도 불구하고 이 책은 프랑스에서 베스트셀러가 되었으며 19개 국어로 번역되는 등 근거가 현저하게 결여된 음모론조차 영향력을 가질 수 있다는 것을 보여주었다.

| 도시 전설

② 의 도시 전설 패턴이란 스토리가 놀랄 정도로 지나쳐 있는 경우다. 도시 전설은 구전(口傳)이나 인터넷을 통해 퍼져간다. 허위 주장임에도 불구하고 널리 믿음을 주는 것은 누구나 느끼는 공포, 희망, 의혹 기타 강렬한 감정을 스토리가 환기시키기 때문이다.

예를 들면 1987년 이후 미국인 등이 아이를 유괴하거나 양자(養子)를 장기이식에 이용한다는 소문이 널리 믿어지고 있다. 그 같은 사건이 발생했다는 증거는 전혀 없다. 그러나 이런 주장이 1995년에는 프랑스에서, 이듬해는 스페인에서, 가장 권위 있는 저널리즘상을 수상했다. 이 도시 전설은 근년의 장기이식이나 국제적인 양자 결연에 대한 두려움에 의거하고 있다.

2004년 후반 사우디아라비아의 「알 와탄(Al Watan)」지가 이 장기 매매의 도시 전설을 다시 꺼내 이라크의 미군이 이라크인 사망자나 부상자로부터 장기를 꺼내 미국서 판매한다는 허위를 주장했다. 도시 전설의 디테일이 달라진 상황에 적합하도록 변화하고 있는 것이다.

| 논의가 크게 나누어지는 문제

미 국무성은 '논의가 크게 나누어지는 문제에서는 허위 소문이나 근거 없는 두려움, 의심이 생기기 쉽다'고 하면서 1991년의 걸프전 중에 미군이 사용한 열화 우란탄(depleted uranium ammunition)을 예로 들었다.

즉, 열화 우란탄에 대한 공포가 과장된 것은 더 위험한 물질인 무기급·연료급 우란을 연상케 하기 때문이다. (생략) 열화 우란은 천연 우란을 농축하여 무기급·연료급 우란을 생성하고 남은 가스다. 그 과정에서 우란은 열화(劣化)되어 대체로 절반의 방사능을 상실한다. 그 때문에 열화 우란이라고 한다. 그런데 (생략) 절반 이상의 사람들은 열화 우란이 실제 이상으로 위험한 것이라 생각한다.

하지만 필자는 미 국무성의 주장에 의문을 가지고 있다. 열화 우란탄의 위험성은 'NHK 스페셜'(2006년 8월 6일 방송 '조사보고·열화 우란탄~미군 관계자의 고발~')에서도 들고 나왔다. 이 프로그램은 '열화 우란탄을 계속 대량으로 사용해 온 미군은 「병의 원인이 되는 과학적인 근거를 발견하지 못했다'며 위험성을 계속 부정해 왔다. 그런데 최근에 이르러 미군의 내부에서 그 위험성을 호소하는 고발이 잇따르고 있다'고 보도했다.

| 정보원의 검토

허위 스토리를 퍼뜨리는 웹사이트나 발행물, 개인 등이 존재한다. 국무성은 다음의 실례를 들고 있다.

- Aljazeera.com : 카타르의 위성 방송국 알조지라와 관련이 있는 것처럼 위장한 기만적인 웹사이트.
- Jihad Unspun : 9·11사건 이후 이슬람교로 개종한 캐나다인 여성에 의해 운영되고 있는 웹사이트. 그녀는 오사마 빈라덴이 옳다고 확신하고 있다.
- Islam Memo (Mafkarat-al-Islam) : 이라크에 관한 대량 기만정보를 유포.

기타 수많은 음모론 사이트가 존재한다. 허위 주장이 좌익계의 프런트 조직에 의해 흐르는 경우는 분별하기가 어렵다(사이트의 구체적인 이름은 주1을 참조).

| 주장의 조사

주장의 진위를 확인하는 유일한 방법은 될 수 있는 한 완전히 그 조사를 하는 것이다. 물론 기사의 마감이 있다는 것을 생각하면 항

상 완전한 취재를 할 수 있는 것도 아니다. 그러나 1차 정보로 되돌아가서 완전한 취재를 하는 것 이외에 방법은 없다. 인터넷을 이용하면 몇 시간 정도로도 많은 주장을 충분히 조사할 수 있다.

프로파간다 분석 SCAME

앞의 언급은 이른바 수신한 정보의 진위 확인에 관한 것이었다. 적의 프로파간다에 적극적으로 대항하기 위해서는 우선 그것을 분석해야 한다. 그 때 검토해야 할 요소가 프로파간다의 'SCAME[2]' 이다.

S는 발신자(Source, Sender 등), C는 메시지의 내용(Content), A는 대상이 되는 청중(Audience), M은 매체(Media), E는 영향(Effects)을 각각 나타낸다.

S는 다시 메시지의 전달자, 집필자, 명의인으로 나누어진다. 흑색선전의 경우에는 진실한 집필자와 표면상의 전달자, 명의인이 다르다. 특정한 S는 프로파간다의 신뢰성, 정확성의 평가에 관련되어 있다.

C는 프로파간다의 주제(무엇을 강조하는가), 방향(발신자가 문제를 어떻게 파악하고 있는가), 설명된 가치(선전자의 약점을 적시하는 데 유용),

방법(사용되는 전략) 등의 요소로 구분할 수 있다(제1장 주33의 34, 35쪽).

A도 M도 그것을 적이 선택하는 데에는 이유가 있다. 그 이유를 찾는 것이 프로파간다의 반격에 불가결하다는 것이다. 또 E의 평가에 의하면 다음에 언급하는 바와 같이 오히려 프로파간다를 묵살하는 것이 타당한 경우도 있다.

프로파간다 대처 방법

미국 육군의 '심리공작 전술, 기술, 수속'(Army FM 3-05.301, Psychological Operations Tactics, Techniques, and Procedures)라는 제목의 교범은 적의 프로파간다에 대한 방위책을 몇 가지 개념으로 분류하고 있다.[3]

그 유형(제1장 주33의 35, 36쪽)을 참고하면서 필자의 독자적인 해설을 가한다.

| 직접 부정(direct refutation)

적의 선전(宣傳)이 완전히 잘못됐다는 것을 적시하는 경우에 신속하고 광범위하게 철저히 해야 한다.

다만 프로파간다에 한층 더 주목해버린다는 역효과도 있다. 화제로 드는 것 자체가 프로파간다를 글자 그대로 더욱 확산시켜버린다

(propagate는 '넓힌다'는 의미). 적의 프로파간다를 촉진하지 않을 수 없는 난점이 있다.

프로파간다의 내용이 선정적이고 강렬하면 할수록 '직접 부정'은 불에 기름 붓는 결과가 될 수 있다. 따라서 '직접 부정'은 그에 수반되는 역효과를 상회할 정도의 효과를 올릴 수 있는 경우가 아니면 의미가 없다. 예를 들면 적의 프로파간다에 결정적인 하자가 포함되어 있어서 정면에서의 반론이 쉽고, 프로파간다를 받는 측의 신뢰를 충분히 획득할 수 있는 경우를 생각할 수 있다. 혹은 소극적인 이유이긴 하지만 프로파간다를 추인한 인상을 주지 않기 위해서 '직접 부정'을 하지 않을 수 없는 경우도 있을 것이다.

적절한 기회를 놓치거나 불충분한 형태로 하면 '직접 부정'의 효과는 희박해진다. 프로파간다를 완전히 불식하는 것은 쉽지 않다. 예를 들면 신문·잡지가 오보를 범한 경우라도 정정 기사는 작다. 그 결과 최초의 보도 내용(혹은 내용을 더욱 과장한 '표제')만이 강하게 인상에 남아 훗날까지도 그 이미지가 남는 것은 주지의 사실이다.

또 반론이 아무리 치밀하고 논리적이며 정확했다 해도 복잡한 내용이라면 받는 측의 이해를 얻을 수 없다. 대체로 받는 측의 관심을 만류하는 것 자체가 확실히 어렵다. 올바른 것을 아무리 열심히 설명해도 오히려 답답한 변명이라고 받아들이는 경우도 있다.

이미지는 논리에 우선한다. 극단적으로 논의하면 PSYOP나 그 방위 수단으로 중요한 것은 메시지의 정확성이라기보다 받는 측이 갖는 이미지다.

뒤집으면 프로파간다를 시작하는 공격자는 반론하기가 매우 복잡한 내용을 교묘하게 선택하면 사전에 '직접 부정'을 봉쇄하는 효과를 기대할 수 있다.

효과적인 PSYOP에는 그 영향 평가를 빠뜨릴 수 없다. 적은 PSYOP의 성과를 측정하기 위해 이쪽의 반응을 끊임없이 엿보고 있다. '직접 부정'은 절호의 판단 재료를 줄 가능성이 있다는 점에서도 주의해야 한다.

| 간접 부정(indirect refutation)

시점을 교묘하게 비켜나면서 간접적으로 완곡하게 적의 프로파간다를 부정한다. 프로파간다의 메시지에 직접적인 관심을 향하게 하지 않고 그 신뢰성을 무너뜨리는 경우가 있다.

예를 들면 이 책 232쪽에서 언급한 이른바 '사회보험청 자폭 테러론'도 '간접 부정'의 요소를 인정할 수 있다. 왜냐 하면 자민당은 민주당의 연금 문제 추궁에 직접 대답하지 않고 민주당이 사회보험청의 음모에 가담하고 있다고 시사함으로써 간접적으로 연금 문제를 왜소화하는 효과를 기대할 수 있었기 때문이다.

혹은 프로파간다의 발신자를 직접 지명하지 않고 자신의 주장을 전개하는 것도 '간접 부정'의 일종이라 말할 수 있을 것이다. 여기서 말하는 '자신의 주장'은 실질적으로는 바로 적의 프로파간다에 대한 비판·반론이다. 그러나 언뜻 보기에 적의 프로파간다와는 관계 없는 양 가장하면서 일방적으로 자신의 '정론'을 전개하는 것이다. 축어(글자 하나하나를 충실히 맞춰 감)적으로 프로파간다에 반론할 필요가 없기 때문에 자신에게 불리한 논점은 회피할 수도 있을 것이다.

앞서 언급한 바와 같이 프로파간다를 적시해 비판하는 것 자체가 다소나마 적의 프로파간다에 도움이 되는 효과를 낳는다. 이 점에서 적시하지 않고 적정한 비판을 하면 프로파간다 자체에 주의를 모으지 않아도 된다. 더구나 적이 하찮은, 일부러 진지하게 반론할 것까지 없는 존재라는 인상도 줄 수 있다. 적시하지 않는다면 적도 반론이 곤란해진다.

다음의 '전환'과도 겹치겠지만 프로파간다의 발신자에 대한 속성(屬性) 공격 등도 생각할 수 있다. 속성 공격이란 많은 것 중에서 대상자의 실책, 실언, 전과(前科), 성적(性的) 스캔들 등을 골라서 공격·비난의 대상으로 삼는 방법이다. 프로파간다에 대한 정면에서의 반론이 곤란하거나 충분한 효과를 기대할 수 없는 경우에라도 이용할 수 있다. 주제로 들어가지 않고 적의 신뢰성을 실추시킴으로써 주장 전체에 대한 신뢰를 저하시키는 것이다. 다만 속성 공격이라는 반격을 가하는 이상 프로파간다의 공작자가 특정되어 있어야 한다. 따라서 회색·흑색선전에는 효과가 없는 경우가 있다.

'간접 부정'은 받는 측의 이해력이나 유추에 의존해야 하고 메시지가 너무 완곡하면 눈부신 효과를 기대할 수 없다. 게다가 어느 정도 받는 측의 공감을 획득하는 데 사전에 성공해야 한다. 그렇지 않으면 지적(知的)인 받는 측은, 직접 반론 당하지 않는 적의 프로파간다를 진실이라고 평가하게 될 것이다.

| 전환(diversion)

적이 전개하는 프로파간다와는 전혀 다른 테마를 제시한다. 더 큰 주목을 받는 테마를 제시함으로써 주의를 자신에게 불리한 제재에서 다른 곳으로 돌린다.

대체로 적이 주도면밀한 계획 하에 선택한 프로파간다 소재는 적에게 더 유리한 것이다. 상대가 속임수로 쓰는 선전에 대항하는 데 전념하면 항상 상대 세력권 안에서 싸워야 한다. 즉, '전환'은 자신의 세력권 안으로 적을 억지로 끌어들이는 것이다.

예를 들면 중국이 종군위안부 문제나 난징(南京) 사건으로 PSYOP를 전개한다고 하면, 최소한의 반론은 학술적인 사실 검증 형태에 그치면서 중국 국내의 인권 억압이나 경제 격차, 식품 안전, 환경 문제 등 다른 문제를 제기하고 부각시키는 것이 '전환'에 해당된다.

| 선제(forestalling)

일반적으로 프로파간다는 방어하기보다 공격하는 것이 훨씬 용이하다. 따라서 적에 앞서 프로파간다를 발신한다. '공격은 최상의 방어'의 실천이지만 적의 프로파간다와 교착하는 경우에는 위의 '전

환' 에 해당된다.

| 침묵(silence)

적의 주장이 너무 황당무계한 경우에는 묵살하는 것이 좋다. 진지하게 반응하면 오히려 적의 주장을 광고하거나 강하게 만들고 마는 경우가 있다. 이 책 148쪽 이하의 CIA 슈퍼노트 위조설에 대한 미국 정부의 대응이 '침묵' 에 해당된다고 생각할 수 있다. CIA 슈퍼노트 위조설은 세계적으로 보더라도 대(大) 미디어에서는 거의 묵살되고 있으니까 '침묵' 이 효과를 발휘한 예라고 말할 수 있다.

| 전달 수단의 제한(restrictive measures)

프로파간다를 전파하는 경로를 물리적으로 제한·차단하여 그 확산을 방지한다. 가까운 예로 말하면 스캔들 기사의 매점(買占) 등이 '전달 수단의 제한' 에 해당된다. 그러나 폐쇄적인 독재국가라면 모르되 '전달수단의 제한' 을 완전히 하는 것은 거의 불가능하다. 가령 어느 정도 성공해도 정보에 대한 공복감을 자극하기 때문에 오히려 불에 기름을 쏟아 붓는 결과가 될 수도 있다.

| 모방적인 기만(imitative deception)

예를 들면 적으로 분장하여 적의 프로파간다 메시지를 변경해 버린다. 특히 적이 그 정체를 숨기고 흑색선전을 전개하는 경우에는

흑색선전의 성격상 적이 메시지의 진정성을 다투는 것은 곤란하다.

다만 이 반격 자체가 틀림없이 흑색선전에 해당되며, 폭로되면 결정적으로 신용을 잃어버리기 때문에 매우 신중히 검토해야 한다.

| 교육(conditioning)

적이 프로파간다의 대상으로 삼는 청중을 교육하여 적성(敵性)이 있는 선전에 넘어가지 않도록 한다.

| 극소화(minimization)

적의 프로파간다를 부정할 수 없는 경우에 그 효력을 최소화한다. 예를 들면 ① 적 프로파간다 중 자기에게 유리한 부분만을 강조한다 ② 전모를 지금 말하지 않고 '장래에 프로파간다의 허위성이 분명해진다'고 주장한다 ③ 자기의 신용성을 확보하는 데 필요한 범위 내에서 적 프로파간다를 짧게 언급하고 그 다음은 무시하는 등의 대응을 말한다.

아무튼 정면에서 단조롭게 대량의 선전을 흘리는 것만이 반드시 프로파간다에 대항하는 것은 아니라는 점에 유의해야 한다.

기만공작의 해명

프로파간다가 아니라 기만공작에 대해서는 어떤가. 기만공작에 정확히 대처하기 위해서는 당연하지만 기만공작을 헤아려 밝혀내야 한다. 그러나 기만공작은 글자 그대로 적의 눈을 속이는 것이며, 진정으로 노리는 것은 감추어져 있기 때문에 헤아리는 것 자체가 어렵다.

CIA의 분석자 리처스 호이어(Richards Heuer)는 저서 〈정보 분석의 심리학[4](Psychology of Intelligence Analysis)〉에서 기만공작 대처에 대해 다음과 같이 고찰했다.

분석자는 기만공작의 가능성을 종종 받아들이지 않는다. 기만공작의 증거가 존재하지 않는다는 것이 이유다. 그러나 기만공작이 교묘하면 할수록 증거를 밝혀내기 어렵다. 따라서 최종적으로 기만공작의 가능성이 완전 부정될 때까지는 항상 의심을 가지고 있을 필요가 있다(주4의 98쪽).

1998년 5월 인도는 핵실험을 실시했다. 미국 정보기관은 사전에 이것을 탐지하지 못했다. 인도가 미국의 눈을 피하기 위해 기만공작을 전개했기 때문이다. 당시 미국 첩보 공동체는 '인도가 가까운 장래에 핵실험을 할 조짐이 없다'고 판단하고 있었다. 그렇지만 여기서는 '미(未)검증의 가설'과 '각하된 가설'이 구별되어 있지 않았다. 바꿔 말하면 증거가 없다고 해서 '즉시 인도가 핵실험을 한다'는 가정을 배척해도 좋다는 것은 아니다. '경합 가설 분석'(Analysis of Competing Hypotheses)을 하고 기만공작 가능성을 검토했다면 잘못을 피할 수도 있었을 것이다. 동시에 인도의 기만공작을 간과하지 않았는지에 대한 미국 기관의 탐지 능력 검증도 필요했던 것이다(주4의 108, 109쪽).

자신이 속고 있는 것을 자각하기는 어렵다. 첫째, 누구나 자신의 능력에 대한 자부심을 많든 적든 가지고 있기 때문이다. 누구에게나 자존심은 있다. 속고 있다는 것을 아는 것은 바로 자신의 능력이 낮다는 것을 인정하는 것이다. 자존심에 크게 상처 입게 되는 것이다. 혹은 누군가에게 배신당하고 있다는 것을 인식하는 데에는 고통이 수반되기 때문임이 틀림없다. 상대에 대한 자신의 신뢰가 깊으면 깊을수록 그만큼 더 자신이 속고 있는지도 모른다고 생각하기가 힘들다.

정서적인 문제 이전에 기만공작 가능성을 고려하는 것은 경우에 따라서는 지금까지 자신이 타당하다고 생각해 온 판단이나 세계관을 전면적으로 번복하는 일일 수도 있다. 그런 인식 작업은 큰 장애에 직면하기 쉽다(인지적 불협화의 이론, 이 책 269쪽 참조).

그러면 기만공작에 속지 않기 위해서는 항상 그 가능성을 의심하면 되지 않는가 하고 말할 수 있지만 그것이 그렇게 단순하지 않다.

예를 들면 2003년 이라크전에 앞서 미국 첩보기관은 이라크가 대량 파괴 무기의 개발·보유를 기만공작에 의해 감추고 있는 것이라고 확신하고 있었다. 대량 파괴 무기가 발견되지 않았거나 오히려 그 존재에 부정적인 정보가 수집되는 것은 바로 기만공작의 결과라고 판단한 것이다(제2장 주13의 49쪽).

호이어가 말하는 '기만공작은 교묘하면 교묘할수록 그 증거를 밝혀내기 어렵다'는 이치를 중복적으로 생각하면 기만공작 유무를 정확하게 탐지할 수 없다. 그 때문에 기만공작의 소산이라는 논리의 순환에 빠져 그 진실성을 의심할 수 없게 된다. 기만공작이라는 관념이 남의 도움 없이 혼자 대량 파괴 무기의 존재라는 거대한 환영(幻影)을 낳은 것이다.

한 마디로 정리하면 기만공작 가능성을 과소평가도 과대평가도 해서는 안 된다. 그러나 그 적정한 판단을 유지하는 것은 실로 어렵다.

공성계의 교훈

기만공작의 대처 방책에 대해서는 〈삼국지 연의〉의 '공성계(空城計)' 스토리도 교훈이 된다. 삼국시대 촉(蜀)의 승상 제갈량(諸葛亮)은 위(魏) 나라 공격을 시작하여 서성(西城)이라는 곳에 도달했다. 그때 부하의 과실로 위 나라 원수 사마의(司馬懿)가 이끄는 15만 대군에게 포위 당했다. 성(城) 안의 군사는 불과 2,500명. 절체절명의 제갈량은 사방의 성문을 열고, 각 성문에 서민을 가장한 군인 20명씩을 배치해 길을 청소하게 했다. 제갈량 자신은 옆에 두 동자를 두고 향을 피우며 거문고를 켰다. 항상 대단히 주의 깊은 제갈량이 이렇게도 대담한 것은 함정이 설치되어 있기 때문이라고 판단한 사마의는 퇴각하고 제갈량은 궁지에서 벗어날 수 있었다.

작가 나관중(羅貫中)은 '사마의는 제갈량이 평소 근엄하고 신중했기 때문에 위험한 다리는 건널 리 없다고 생각한 것이다. 이런 상황

을 보고 복병이 있는 것은 아닐까 하고 의심했기 때문에 퇴각한 것이다' 고 말했다.⁽⁵⁾

〈삼국지 연의〉는 창작이지만 공성계 자체는 병법 36계 중 제32계로 실존하는 계략이다. 그러나 만약 사마의가 정찰 결과 얻을 수 있었던 사실을 냉정히 판단했다면 제갈량은 여지없이 공격 당했을 것이다.

공성계는 기만공작을 의심하게 하는 것 자체가 심리전의 수단이 된다는 것을 가르쳐 주는 것이다. 기만공작을 헤아리려면 매사를 의심해야 하는데 앞서 기술한 바와 같이 그 의심이 커지면 적의 술책에 빠지거나 혹은 큰 데미지를 본다.

모택동도 공성계를 실천했다고 한다. 1948년 10월 공산군 1만이 수비하는 헤베이성(河北省) 시바이포(西柏坡)의 중국 공산당 중앙사령부에 10만의 국민당 군대가 쳐들어왔다. 모택동은 신화사 기자 명의로 한 편의 평론을 발표해 적 부대의 편성·기습 계획을 폭로했다. 모택동은 기사에서 전력(全力)으로 적을 섬멸하겠다고 주장하고, 신화 라디오가 즉시 이 문장을 방송하게 했다. 계략을 두려워한 국민당 군은 공격을 단념했다(2006년 5월 29일자 「인민망」 기사⁽⁶⁾). 모택동은 〈삼국지 연의〉를 탐독하고 있었다고 한다.⁽⁷⁾ 바로 내면화된 스토리(이 책 65쪽)가 현실로 전화한 한 예라고도 말할 수 있다.

다만 엄밀하게는 〈삼국지 연의〉의 공성계는 실태(實態)대로 군비가 없는 것을 더욱 강조함으로써 반대 방향으로 적의 회의(懷疑)를 유발했기 때문에, 군비가 있는 것을 강하게 선전한 모택동의 작전은 공성계에 해당되지 않고 오히려 양동(陽動)작전이라고 말해야 할지도 모르겠다.

    표층(表層)과 진상(眞相)이 다른 것이 보통의 기만공작이다. 받는 측이 속는 것은 표층을 진상이라고 오인하기 때문이다. 그런데 공성계에서는 양자가 일치하고 있다. 그래도 기만이 성립될 수 있는 것은, 실태가 아니라 받는 측의 표상(상징) 속에서 양자의 엇갈림을 기대할 수 있기 때문이다.

정보 제공자 확인

미국 첩보 공동체는 한층 더 많은 자원(resource)을 기만공작에 투입하고 있다. 그러나 미국 정보기관의 정보수집 방법은 널리 공개되어 있기 때문에 기만공작이 점점 제약되고 있다고 한다(제1장 주3의 78쪽). 정보수집 솜씨를 알고 있으면 그 의표를 찌르기가 쉬워지기 때문이다.

정보활동의 기본이 되는 휴민트(humint, 정보수집 활동)도 기만에 취약하다. 인적(人的) 정보원의 성실함이 최초부터 문제가 된다. 왜 이 인물은 정보를 제공하는가? 동기는 이데올로기인가, 돈인가, 복수인가? 귀중한 정보에 접근할 수 있다고 하는데, 어느 정도 잘 접근할 수 있는가? 계속적으로 접근할 수 있는가, 아니면 한 번뿐인가? 어느 정도 양질의 정보인가? 이 협력자(스파이)는 적에게 유리한 정보만을 통보하는 것은 아닐까? 정보를 제공하는 한편 이쪽의 휴민트 기술·능력에 대해 정보를 모으는 이중 스파이가 아닐까?

휴민트 담당자는 신중히 경계하면서도 과도한 회의(懷疑)로 정보원을 잃지 않도록 아슬아슬한 줄타기를 해야 한다. 예를 들면 1960년대 초 서방측에 내통한 GRU(소련군 참모본부 정보총국) 대령인 올레그 펜코프스키(Oleg Penkovsky)의 사례가 있다. 미국은 당초 기만공작이나 이중 스파이의 가능성을 극단적으로 두려워하여 펜코프스키의 정보 제공 제의를 물리쳤다. 펜코프스키는 영국으로 향했고 영국은 그를 받아들였다. 훗날 미국은 이 귀중한 스파이의 가치를 깨달았다고 한다(같은 주 97, 98쪽).

제2차 대전 후기에는 키케로(Cicero)라는 남자가 독일 측에 정보 제공을 자청한 사례가 있었다. 주(駐)터키 영국 대사의 수행원인 키케로는 대사의 귀중품 금고를 열고 최고 기밀의 작전 문서를 열람하는 데 성공했다. 키케로는 기밀문서를 계속적으로 제공하겠다고 했다.

독일 측은 제의를 받아들였지만 그것이 영국의 기만이 아니라는 확신을 가질 수 없었다. 그 이유는 단순히 기만공작에 대한 경계뿐만이 아니었다. 키케로 문서는 연합국군의 대(大) 공격이 감행될 것이며 연합국군의 힘이 증대하고 있다는 것을 보여주었다. 그것은 나치스 지휘부가 가지고 있던 환상과는 상반되는 내용이었기 때문이다. 동시에 독일 측의 모든 기관들이 서로 불화(不和)해 문서 정보를 객관적으로 검토하는 데도 실패했다. 결국 키케로 문서에 의해 나치스의 전략은 변경되지 않았다.

이와 관련하여 당시 키케로에게 건넨 수십 만 파운드의 보수는 나치스가 위조한 지폐였다고 한다(제1장 주19의 148쪽. 제3장 주39도 키케로의 예에 대해 언급하고 있다).

기만공작 대처 이론

과연 적의 기만공작을 꿰뚫어보는 보편적인 법칙은 존재하는가? 만약 존재한다면 기만공작은 무효화할 수 있다. 앞에서 언급한 호이어는 다음과 같이 말했다.

〈자신의 분석을 지원하는 주된 정보원에 대해 검토한다. 그런 정보원이 외국 정부 당국에 의해 탐지되고 있을 가능성은 없는가. 정보가 조작되고 있을 가능성은 없는가. 외국의 기만공작 기획자의 입장에서 그 동기, 기회, 수단, 경비, 기만에 의해 얻을 수 있는 이익을 평가한다(주4의 106쪽).〉

호이어는 '역사적으로 검토한 경우, 기만공작 조짐은 발견할 수 있는가' 혹은 '기만공작과 관련 있는 현상이 있는가'를 자문하고 '전략적으로 위험이 높은(긴장이 높아져 있는) 경우에는 기만공작일 가능성이 높다'는 하나의 가설(통설)을 검증했다.

그런데 호이어는 전략적으로 위험이 낮은 경우의 경험 데이터가 대체로 부족하다는 것을 지적하고, 상호 비교가 안 되는 이상 가설 검증이 곤란하다고 주장했다. 위기에만 기만공작에 주의하고 있으면 그것으로 충분하다고는 말할 수 없다는 것이다(주4의 143~145쪽).

결국 기만공작 가능성을 평가하기 위해서는 타국이나 집단의 동기・기회・수단을 평가함과 동시에 미국의 인적・기술적 정보수집 능력의 장단점을 이해할 필요가 있다고 설명하는 데 그쳤다(같은 주 175쪽).

미 국가정보회의(NIC) 등에서 근무한 제임스 B. 블루스는 기만공작을 방지하는 가장 효과적인 방법은 '비밀리에 정보를 모으고 비밀을 엄수하는 것'이라고 했다. 왜냐 하면 이쪽의 정보수집 수단과 획득한 정보를 적이 헤아리고 있을 경우에 적이 함정을 설치하기 쉽기 때문이다. 그런 다음 블루스는 미국의 경우 정보 공개가 과도하다고 지적했다(제1장 주15의 229~240쪽).

한편 미 공군대학 홈페이지에 게재되어 있는 '인적 기만공작 및 대(對)기만공작을 해명하는 인지적 모델'이라는 논문은 '인간이 행하는 기만 활동을 이해하는 데 있어서 체계적이고 이론적인 기초를 발전시켜 기만공작의 원칙과 실례를 정리하고 이해 가능한 범위를 제공하는 것을 목적으로 한다'고 썼다(주8의 1쪽).

또 이 논문은 '기만공작에 관한 이론 연구는 특히 인지 과학적인 견지에서 행해진 것은 거의 없다'고 말하면서, 기만 활동을 이해하기 위한 방법으로 다음과 같이 인지적 기만 모델(CDM = Cognitive Deception Model)을 발전시킬 것을 주장했다.

① 이론적 · 직관적인 개념을 사용하여 통일적인 인지 모델을 구축한다.
② 경험적 · 우화적인 예를 모아 기만의 원리를 발전시킨다.
③ CDM을 발전시켜 넘버링 시스템(분류)을 만들고, 원칙과 실례를 인지 구조에 관련시킨다.
④ 인지 모델에 의거하여 인지 시스템의 컴퓨터 모델을 발전시켜 그것을 사용하면서 기만 활동, 대(對)기만 활동의 메커니즘을 연구하는 시뮬레이션을 행한다.

즉, '작업의 정수는 기만의 원칙 리스트다'고 말하고, 갖가지 실례에 공통되는 패턴을 찾아냄으로써, 컴퓨터 상에서의 시뮬레이션[9]을 가능하게 하고, 기만공작에 관한 견식을 깊게 하려는 것이다(주8의 1쪽).

더구나 확률적인 인과 관계를 모델화 하는 베이지안 네트워크(Bayesian Networks)를 이용하여 기만공작을 탐지하려는 시도도 이루어지고 있다.[10]

하지만 보편적 · 자동적인 탐지 수법 등이 정말로 존재할까. 만약 존재한다면 어떤 기만공작도 성립되지 않는다. 만인이 정확한 주가 예측이 가능하다면 투기행위 자체가 무의미하게 되는 것과 마찬가지 이치이다.

만약 특정한 국가·조직이 이런 수법을 찾아냈다고 해도 이것을 공개하는 것은 생각하기 곤란하다고 말하지 않을 수 없다.

주의해야 할 것은 현실에서는 하나의 주체가 일방적으로 기만공작을 행하는 것이 아니라 쌍방이 각각 기만공작의 획책한다는 점이다.

예를 들면 X가 보낸 정보 제공자가 이중 스파이라는 사실을 Y가 간파하는 경우에라도, 선의의 정보 제공자라고 판단한 것처럼 교묘하게 가장하는 것을 생각할 수 있다. X는 공작의 성공 여부를 평가하기 위해 Y의 반응을 주시하고 있다. 이렇게 Y는 X를 속이면서 이번에는 Y쪽에서 효과적으로 기만 정보를 주입할 수 있는 것이다.

다수의 주체가 상호 기만공작을 하게 되면 사태는 더욱 복잡해진다.

물론 어떤 경우에라도 적의 진의를 꿰뚫어보고 있으면 혼란에 빠지는 일도 없거니와 역으로 기만공작을 할 수도 있다. 그런데 표층에서만 진의를 헤아리는 경우가 많다. 따라서 결국 정보활동의 모든 국면에서 기만공작 문제가 발생하게 된다.

기만공작 대처시 함정

기만공작에 정확히 대처하여 이것을 탐지하는 것은 어렵다. 사전에 기만공작에 대비하고 있는 경우라도 사정은 마찬가지다.

제2차 대전 중인 1941년 여름 이후 나치스 독일은 영국 첩보기관에 협력하는 네덜란드인 첩보원 적발에 나섰다. 그 후 독일은 영국 SOE(Special Operations Executive)가 네덜란드 국내로 보낸 첩보원을 전부 구속했다. SOE는 당시 대독(對獨) 레지스탕스 지원·파괴공작을 임무로 하고 있었고 대전 말기에 SIS(M16)에 편입되었다.

구속된 영국 첩보원 중에는 독일에 협력할 것을 강요당한 사람도 있었다. 결국 독일 당국은 영국 첩보원이 사용하는 암호 시스템을 해독했다. 곧 체포돼 있는 첩보원을 대신해 바로 그 암호로 영국 본국과 통신했다. 독일 측은 가짜 메시지를 보내 첩보원 보충을 영국에 요청하였다고 한다. 독일 당국은 당연히 보충 요원도 즉시 구속했다. 작전명 Nordpol(북극) 및 Englandspiel(영국 게임)이라고 불린 이 공작은 1944년까지 계속되었다. 결국 구속된 영국 첩보원이 수용소에서 탈주한 것을 계기로 종료됐다.

영국 기관은 기만공작에 대해 결코 아무런 대책도 강구하지 않았던 것은 아니다. 영국 첩보원이 본국에 암호문을 송신할 때 메시지에 '시큐리티 체크(security check)'를 포함하도록 정하고 있었다. 이것은 언뜻 보기에 단순해서 우발적으로 보이는 '잘못'을 이용하는 방법이다.

예를 들면 사전에 송신 메시지의 50자 째에 오자를 삽입하도록 약속해 둔다. 그 오자가 확인되면 수신자는 메시지가 진정한 송신자가 보낸 것이라 판단한다. 가령 영국 첩보원이 독일 측에게 구속되어 메시지의 송신을 강요당한 경우라도 독일 측이 이 규칙을 모르면 그 구속된 첩보원은 '완전히 옳은' 암호문을 보냄으로써 본국에 이변을 전할 수 있다. 혹은 독일 측이 암호 시스템을 해독해도 이 시큐리티 체크를 알아채지 못하고 '완전한' 메시지로 위장해버리면 영국 측은 암호문의 날조를 알 수 있는 구조다.

그런데 모르스 신호에는 타전하는 사람의 버릇이 나온다고 한다. 그러므로 비록 암호문을 잘 날조할 수 있어도 본래의 송신자와 다른 버릇이 나오면 위장임이 탄로나 버린다. 그래서 독일 측은 최초의 날조 메시지를 보낼 때 전(前) 담당자가 손목을 다쳐 네덜란드인 중에서 그 대역을 채용했다고 영국 본국에 송신했다. 메시지에는 시큐리티 체크가 내포되어 있지 않았다.

영국 본국의 수신자는 대개 이 시점에서 당연히 사고 발생을 헤아려 알아야 했다. 그런데 담당자는 '잘못'(잘못이 없다고 하는 '잘못')을 중대시하지 않았다. 또 정규 수속에 따르지 않고 송신자(독일 측)에게 체크 방법을 지도했다. 기만정보를 체크하는 방법 그 자체를 독일 측이 파악한다면 모든 것이 무위로 돌아간다. 이렇게 해서 거의 3년 동안 독일은 감쪽같이 영국을 속일 수 있었던 것이다(제1장 주13의 121, 122쪽).

기만공작 수법의 하나가 '…인양 행세하는 것'에 있다고 하면 그것과 표리(表裏) 일체의 대항 관계에 있는 것이 본인 확인 수속이다. 타인이 끝까지 파고든다면 자신이 자신임(identity)을 타인에게 증명하는 것은 의외로 어렵다. 자신이 자신이라는 것은 자신 이외의 타인과의 상호 관계로 뒷받침 된다. 친족, 친구, 일하는 동료 등 자신 이외의 인간과의 관계성 속에서 아이덴티티는 성립된다. 운전 면허증이나 패스포트라는 신분증도 이른바 타인의 집합체(국가)에 의한 본인 확인이다.

'…인양 행세하는 것'은 이 관계성의 그물 속에 교묘하게 침입해 원래 마디의 하나로 둔갑해 버리는 것이다. 하나의 관계를 다른 관계와 맺는 작업을 차례로 반복해 신용을 획득하고 서서히 관계의 그물을 견고하게 한다. 그렇기 하기 위해 갖가지 신분 위장을 한다. 때로는 유력자와의 친교를 시사하기도 하고 문서(패스포트 등)를 위조한다. 이른바 온갖 사기도 이 관계성을 악용한 것이다.

 분명히 현대에는 모르스 신호에 의한 '…인 양 행세하는 것'은 곤란할지 모른다. 그러나 아무리 테크놀로지가 발달해도 사회가 존재하는 이상 관계성의 그물 자체는 없어지지 않기 때문에 앞의 예와 같은 뜻하지 않은 함정이 생긴다.

인지적 불협화 이론

    앞의 사례에서 또 한 가지 간과할 수 없는 것은 반(反)기만 대책을 취했음에도 불구하고 그것이 기능을 발휘하지 않았다는 점이다. 이것은 인지적 불협화 이론으로 설명할 수 있을지 모르겠다. 인지적 불협화(cognitive dissonance)란 심리학적으로 서로 모순되는 두 개의 인식을 가졌을 때 일어나는 긴장 상태를 말한다(주 11의 13쪽). 사람은 모순된 정보를 접했을 때 이것을 기존 인식 도식(圖式)에 적합하게 해석해 불쾌한 긴장 상태를 회피하려고 한다. 인지적 불협화의 해소가 유쾌함을 초래하는 것은 최근 MRI를 사용한 실험에서 신경학적으로도 뒷받침 돼 있는 것 같다(같은 주 19쪽).

    즉, 독일의 스파이가 침입했다고 생각하기보다 하찮은 사고라고 생각하는 것이 '자연스러운' 사고방식이며 인지적 불협화 상태를 초래하지 않는다는 것이다.

앞에서 게재한 '인적 기만공작 및 대(對)기만공작을 해명하는 인지적 모델'이라는 논문은 다음과 같은 사례를 들고 있다(주8의 5~13쪽).

〈• '현시(顯示, 분명히 나타내 보임)에 의한 은폐'라고 불리는 트릭에서는 스파이는 자신의 거처로 통하는 단서를 일부러 남겨 둔다. 이렇게 하여 단서를 더듬어 간 수사관에게 허위 신분을 믿게 한다. 수사관은 이 증거가 확실하다고 생각한다. 왜냐 하면 단서를 더듬어 가는 데 많은 시간과 노력을 경주해 자신의 힘으로 단서를 찾았다고 생각하기 때문이다.

• 한 정보활동에서 한 러시아인 스파이가 수강하던 강의에 에이전트가 잠입했다. 강의가 종료되고 많은 시간이 지난 뒤 에이전트는 의도적으로 우연을 가장해 그 러시아인을 만났다. 그 후 에이전트는 러시아의 조직에 고용돼 러시아인 공작원에 대한 정보를 얻을 수 있었다.

• 적의 조직 내에 두더지(협력자)를 설치하는 것은 흔히 하는 첩보공작이다. 두더지는 결정적인 시기가 올 때까지 오랫동안 적을 위해 활동한다.〉

이것은 논문이 드는 인지 모델의 하나인 'LTM 및 세계상 원칙'에 대응한다(같은 주 4-25쪽). LTM이란 '장기 기억'(Long Term Memory)의 약자로 앞의 사례가 어느 것이나 장기 기억이라는 인지 모델을 기만수단으로 이용하는 것을 의미한다. 간단히 설명하면 '사람은 오랫동안 친숙해진 사람을 훨씬 더 신뢰한다'는 것이다. '속이려면 우선 차

분히 신뢰를 쌓아라'고 바꿔 말할 수 있을 것이다. 내면의 장기 기억에 의해 형성되는 상(像)은 외부 현실세계와 같이 단기 기억에 작용한다(같은 주 4, 9쪽). LTM은 바로 장기에 걸쳐 고착된 스토리(이 책 제2장)에 해당된다.

인지적 불협화 이론에 비춰보면 내면화된 기존 장기 기억에 모순되는 사실은 의식적, 무의식적으로 배제되어 버린다. 기만을 의심하는 회로가 폐쇄되는 것이다.

후기 | 인지조작에서의 해방?

　인지조작은 어디까지나 공작자의 이익을 실현하기 위해 전개하는 것이다. 공작자와 대상자의 이익이 현재적 혹은 잠재적으로 상반되기 때문에 인지조작이 행해진다. 따라서 당연히 그 결과는 대상자에게 불리하게 작용한다. 공작자는 강제로 얻을 수 없는 것을 인지조작을 통해 달성한다. 따라서 우리들은 무엇이 인지조작인가, 공작자는 누구인가를 적정하게 확인하면서 그 의도를 통찰하고 인지조작을 회피하기 위해 필요한 조치를 강구해야 한다.

　이 책 231쪽에서 언급한 바와 같이 인지조작은 반드시 첩보나 군사 분야에 한정된 특수한 문제가 아니다. 그렇기 때문에 일부 전문가의 연구나 호사가의 흥미에만 맡겨둘 수는 없다. 인지조작은 정당이나 기업 등 단체, 개인에 의해서도 실행될 가능성이 있다. 물론 첩보나 군사 분야의 인지조작도 결과적으로 우리 일상생활에 영향을 준다.

　우리가 무엇을 옳다고 생각하고 무엇을 잘못이라고 생각하는가. 세계를 해석하는 방법에까지 인지조작의 영향이 미친다. 모든 것이 인지조작의 대상이 될 수 있다. 대체로 첩보기관이 실행하는 인지조작의 목적도 잔재주를 부리는 첩보공작이라기보다는 본질적으로 오히려 사상, 문화, 세계관 그 자체에 영향을 미치려는 계획이라고 생각할 수 있다.[1]

인지조작은 실로 이상해서 기분 나쁜 성격도 갖추고 있다. 예를 들면 다음 한 구절을 읽고 누구의 문장인지 판단할 수 있겠는가?

〈현대는 정보화 사회이기 때문에 대량의 데이터가 일방적으로 제공된다. 이것은 어떤 의미에서는 힘 있는 대기업에 의한 상업주의적인 선전·광고이며, 어떤 의미에서는 정치권력에 의한 통치를 위한 사상 이데올로기의 방향을 정하는 것이다. 다시 말해서 자신이 선택했다고 생각하는 것이 실제로는 선택의 원인이 되는 대량의 데이터를 교육을 통해 혹은 텔레비전 등의 미디어를 통해 계속 믿어온 것이다.〉

이것을 생성문법으로 유명한 언어학자 노암 촘스키(Noam Chomsky)의 말이라고 설명해도 절반 이상의 독자는 받아들일 것이다. 노암 촘스키는 같은 내용을 주장해 정부·대기업(매스미디어를 포함)에 의한 정보조작·지배에 경종을 울리고 있기 때문이다.

사실을 말하면 앞의 구절은 옴 진리교의 바지라틱슈나 세이고시(옴 진리교의 계급) 노다 나리토씨가 쓴 '운명, 선택, 매트릭스 고찰과 해설—스토리의 수수께끼 해석 No.20'이라는 제목의 2003년 11월 22일자 웹 기사 일부를 인용한 것이다.[2]

영화「매트릭스」는 확고부동의 자명한 세계라고 생각했던 것이

실은 컴퓨터가 만들어낸 가상현실이라는 것을 주인공이 깨닫는 시점에서 스토리가 시작된다. 노다씨는 그 각성에 빗대어 교의(敎義)를 설교하며 신자를 설득하고 있었던 것이다.

일본 공안 당국에 의하면 한 옴 교단 간부는 작년 9월경부터 설법회에서 컴퓨터 상의 가상세계를 제재로 한 영화「매트릭스」를 예로 들며 '더러워진 이 세상을 구루(guru, 지도자)가 만든 가상세계인 구루매트릭스다. 우리는 구루가 준 시련을 잘 견뎌야 한다'고 강조했다(2004년 2월 14일자「추고쿠신문」석간 기사).

사족(蛇足)이지만 노다씨와 필자는 같은 고향 출신의 친척이며 필자가 공안조사청에 잠입한 '숨은 옴'이라는 악선전도 있다. 예를 들면 필자의 이전 저서〈첩보기관에 속지 마라!〉의 간행 예정 사실이 발표되자마자 필자뿐 아니라 담당 편집자에게까지도 '숨은 옴'이라고 부르는 익명의 괴문서를 출판사로 보내왔다. 황당무계하다고 하지만 바지라틱슈나와 같은 효고현 출신으로 성이 노다라고 하는 부분적 진실을 교묘하게 이용한 점이 주목된다. 이것도 하나의 허위 스토리 유포에 의한 인지조작의 실례다.

사적인 얘기는 일단 접어 두자. 인지조작을 피하기 위해서는 모든 전제를 의심하고 이것을 배제하면 되는가? 단적으로 말해서 대답은 '아니다'이다. 인지조작은 의심을 환기하는 것 자체를 목적으로 하는 경우가 있기 때문이다. 그런 회의의 상태는 바로 앞의 예와 같이 어떤 사상·신조를 주입하기에 오히려 안성맞춤인 것이다.

하지만 특정한 스토리에 의한 인지조작에 오염되지 않기 위해서도 그때그때 스토리의 상대화를 시도할 필요는 있을 것이다.[3] 앞의 한 구절을 인용할 것도 없이 '(여론이 일어나는) 과정을 이해하는 사람이라면 누구에게나 그것을 조작할 기회가 열려져 있는 것' (리프만 〈세론(世論)〉 하권 82쪽)이며 '합의를 만들어버리는 것은 새로운 기술도 아니다'(같은 책)는 이유에서다.

스토리를 의심하려면 상식이 필요하다. 상식을 배반하는 것이 첩보공작이니까 상식을 고수하면 인지조작은 취약해진다. '만들어진 합의'도 언젠가는 상식으로 전화할 수 있다. 게다가 옛사람도 말하듯이 곤란한 때 '상식을 마치 신의 계시인 양 들고 나오는 것[4]'이 있을 수도 있다. 그럼에도 불구하고 상식이야말로 모략론을 물리치고 인지조작이 가져오는 혼란이나 불신을 배제할 방호벽이 될 것이다.

상식은 불완전한 것이다. 그러나 누덕누덕 기운 누더기라 해도 벌거숭이로 있는 것보다는 더 낫다.

머리말

1. http://kr.news.yahoo.com/service/news/shellview.htm?linkid=459&articleid=2007081716472666680&newssetid=1270
2. W.리프만, 카케가와 토미코 역, "世論", 岩波文庫, 상권 29쪽
3. http://aupress.maxwell.af.mil/saas_Theses/Crumm/crumm.pdf 25쪽
4. 리프만은 의사(疑似) 환경 하에서 정보의 검열, 스테레오타입화, 드라마화를 피하기 위해 '정보활동(intelligence work)'이 요청된다' 고 주장하고(〈世論〉 하권 270쪽), 1장을 '정보활동'에 할애해 특별히 이 점을 논했다. 그러나 첩보기관이야말로 인지조작의 중심적인 공작 주체다.

제1장

1. Richard H. Shultz, Jr., "The Secret War against Hanoi: The Untold Story of Spies, Saboteurs, and Covert Warriors in North Vietnam", Perennial, New York, 2000
2. "詳說世界史研究"(山川出版社), 주1의 139~141쪽 등.
3. Mark M.Lowenthal, "Intelligence: From Secrets to Policy Third Edtion", Washington, DC, CQ Press, 2006
4. Frank L. Goldstein, Benjamin F. Findley, Jr., "Psychological Operations: Principles and Case Studies", Maxwell Air Force Base, Alabama, Air University Press, 1996
5. "PR Meets Psy-Ops in War on Terror", Los Angeles Times, 2004. 12. 1, A31
6. Christopher Andrew and Vasili Mitrokhin, "The Sword and the Shield: The Mitrokhin Archive and the Secret Histroy of the KGB", New York, Basic Books, 1999
7. Ronald Kesseler, "The CIA at War: Inside the Secret Campaign against Terror", New York, St. Martin's Griffin, 2003
8. 이탈리아에서는 'P-2'(Propaganda Due)라고 불리는 반공 비밀결사의 멤버가 정보기관의 간부를 차지해 갖가지 기만공작을 전개했다고 한다.
9. John Ranelagh, "The Agency: The Rise and Decline of the CIA", New York, SIMON & SCHUSTER, INC., 1987
10. http://www.cia.gov/library/intelligence-literature/index.html
11. Ray S. Cline, "The CIA Reality vs. Myth", Washington D.C., Acropolis Books Ltd., 1982, p.187. 단, 1956년 6월4일자 「뉴욕 타임스」 기사도 미국 정부가 입수한 문서가 동유럽에서 나왔으며 불완전해서 생략을 인정할 수 있다고 기술하고 있다.
12. "The C.I.A's 3-Decade Effort To Mold the World's Views", The New York Times, 1977.12.25 기타 같은 달 26, 27일자 특집 기사
13. Abram N.Shulsky and Gary J. Schmitt, "Silent Warfare: Understanding the World of Intelligence", Washington, D.C., POTOMAC BOOKS, INC, 2002
14. http://www.cia.gov/library/center-for-the-study-of-intelligence/kent-csi/pdf/v05i3a04p.pdf
15. Roy Godson & James J. Wirtz, "Strategic Denial and Deception: The Twenty-First Century Chal-lenge", New Brunswick and London, Transaction Publishers, 2006
16. http://www.kantei.go.jp/jp/singi/rati/radio/radio.html

17. Victor Marchetti and John D. Marks, "The CIA: and the Cult of Intelligence", New York, DELLPUBLISHING CO., INC, 1974
18. http://www.au.af.mil/au/awc/awcgate/acsc/97-0363.pdf
19. Allen W. Dulles, "The Craft of Intelligence: Americas Legendary Spy Master on the Fundamentals of Intelligence Gathering for A Free World", Guilford, Connecticut, The Lyons Press, 2006
20. http://www.bbc.co.uk/dna/h2g2/A3031949
21. Ewen Montagu, "The Man Who Never Was: World War II's Boldest Counterintelligence Operaton", Maryland, Naval Institute Press, 2001
22. Leo D.Carl, "The CIA Insider's Dictionary: of US and Foreign Intelligence, Counterintelligence & Tradecraft", Washington, D.C., NIBC Press, 1996
23. Edited by Leigh Armistead, "Information Operations: Warfare and the Hard Reality of Soft Power", Washington, D.C., Brasseys, INC., 2004
24. http://www.people.com.cn/GB/junshi/1078/2122631.html
25. http://www.amazon.cn/detail/product.asp?prodid=zjbk339461&ref=BR&uid=#
26. 이와지마 히사오, "心理戰爭: 計劃と行動のモデル", 講談社現代新書, 1968
27. http://www.costind.gov.cn/n435777/n435943/n435950/n436019/14491.html
28. http://www.dtic.mil/doctrine/jel/new_pubs/jp1_02.pdf 411쪽
29. Duane R.Clarridge, "A Spy for All Seasons: My Life in the CIA", New York, SCRIBNER, 1997, p.410
30. http://www.state.gov/r/pa/ho/frus/johnsonlb/xxvi/4440.htm
31. William J.Daugherty, "Executive Secrets: Covert Action & The Presidency", Lexington, KY, The University Press of Kentucky, 2004
32. Leo Bogart, "Premises for Propaganda: The United States Information Agency's Operating As-sumptions in the Cold War", New York, The Free Press, 1976
33. Ron Schleifer, "Psychological Warfare in the Intifada: Israeli and Palestinian Media Politics and Military Strategies", Portland, SUSSEX ACADEMIC PRESS, 2006

제2장

1. 정확히는 「$a_0 = 0, a_1 = 1$」 혹은 「$a_0 = 1, a_1 = 1$」인 경우에 피보나치 수열이라고 정의한다(《岩波數学入門辞典》, 岩波書店). 일반항은 $a_n = \frac{1}{\sqrt{5}}((\frac{1+\sqrt{5}}{2})^n - (\frac{1-\sqrt{5}}{2})^n)$. 항비는 황금비로 수렴한다.

2. '의미는 현존재 하는 하나의 실존 범주이며 (생략) 의미를 「갖는 것」은 현존재뿐이다' (하이데커 저, 젠유·와타나베 이로오 역, 〈존재와 시간 II〉, 츄우코 크라식스, 55쪽). '로고스의 근본 의의는 말하다'이며 '또 로고스는 보이게 하는 것이기 때문에 이 이유로 로고스는 진짜이기도 하고 가짜이기도 할 수 있다' (같은 책 I권 83, 84쪽).

3. http://stinet.dtic.mil/oai/oai?&verb=retRecord&metadataPrefix=html&identifier=ADA396269

4. Erving Goffman, Donald Pennington, Robert Cialdini, Susan Fiske

5. http://www.dtic.mil/doctrine/jel/new_pubs/jp3_58.pdf A-2쪽

6. 로버트 B. 차르디니 저, 社會行動硏究會 역, "影響力の武器-なぜ 人は動かされるのか", 誠信書房,

1991

7. http://www.buildfreedom.com/tl/tl20a.shtml

8. http://www.uscc.gov/hearings/2007hearings/transcripts/mar_29_30/reveron.pdf

9. Central Intelligence Agency, Office of Research and Development, "Misperception Literature Survey", Princeton, HJ, Mathtech, 1979

10. http://www.cfr.org/publication/6022/former_cia_official_on_iraq_intelligence_and_monday_morning_quarterbacks.html

11. http://www.pbs.org/wgbh/pages/frontline/darkside/interviews/scheuer.html

12. Office of Training and Education, "Analytic Thinking and Presentation for Intelligence Producers-Analysis Training Handbook", p.12

13. http://www.wmd.gov/report/wmd_report.pdf 14, 50, 420쪽

14. https://atiam.train.army.mil/soldierPortal/atia/adlsc/view/public/7422-1/fm/3-13/chap2.htm

15. 미군의 PSYOP 관련 문서에는 'seeds of victory (doubt)'를 '뿌리다' '심다' 라고 표현한 것이 여기저기 보인다. 이와 관련하여 유식론(唯識論)에서 '온갖 존재를 낳는 가능력(可能力)'을 의미하는 '종자(種子)' (요코야마 코이치 저, 〈唯識思想入門〉, 레그르스 문고, 16쪽)도 이전 식물의 종자에서 유래한다고 생각할 수 있다는 점에서 '종자(因)와 싹(果)'이라는 인과(因果)는 동시에 존재하고, 생긴 싹(현행)은 생기는 것과 동시에 새로운 종자를 심는다' (같은 책 126쪽)라고 파악한다고 한다. 인지조작의 관점에서 보아 재미있는 관념이다.

16. Michael I. Handle, "Strategic and Operational Deception in the Second World War", Oxon, FRANK CASS & CO. LTD., 2004, p. 301-326

17. http://www.au.af.mil/au/awc/awcgate/milreview/jones_perception.pdf

제3장

1. http://www-cgsc.army.mil/milrev/English/SepOct99/murray.htm 웹 아카이브에서 열람 가능.

2. http://news.xinhuanet.com/mil/2004-06/21/content_1538252.htm

3. http://www.chinamil.com.cn/gb/pladaily/2001/08/08/2001008001007_gdyl.html

4. http://www.pladaily.com.cn/item/ymwar/txt/830/836.htm

5. http://www.chinamil.com.cn/gb/pladaily/2001/04/10/20010410001081_todaynews.html

6. http://www.chinamil.com.cn/gb/pladaily/2002/12/18/20021218001145_todaynews.html

7. http://www.defenselink.mil/pubs/d20040528PRC.pdf 일련번호로 49, 50쪽

8. http://www.uscc.gov/researchpapers/2007/FINAL_REPORT_1-19-2007_REVISED_BY_MPP.pdf 5쪽

9. http://jcs.mil.kr/upload/magazine/204_21_06.pdf

10. http://jcs.mil.kr/upload/magazine/205_21_07.pdf

11. "심리전—미제의 침략과 지배의 교활한 수법", 로동신문, 2003.5.15

12. http://jcs.mil.kr/upload/magazine/214_21_14.pdf

13. http://www.kcna.co.jp/calendar/2004/12/12_13/2004_12-13-003.html

14. http://www.people.com.cn/GB/guoji/1029/3051315.html

15. http://news.xinhuanet.com/herald/2007-06/21/content_6271505.htm

16. http://www.nanfangdaily.com.cn/southnews/jwxy/200708050009.asp

17. 혼다 의원이 캘리포니아주 의원이 된 것은 1990년이며 그의 전직은 같은 주 산타클라라군의 감독

위(監督委)이다. http://bioguide.congress.gov/scripts/biodisplay.pl?index=h001034 산타클라라군에대해서는 http://www.global-alliance.net/SFPT/AJR27MikeHondaSpeech.htm http://www.sfgate.com/cgi-bin/article.cgi?file=/c/a/2004/11/12/MNGTJ9QGVV1.DTL 같은 군의 쿠퍼티노(Cupertino) 지역에는 '세계항일전쟁사 보전연합회' 연락처가 나와 있다. http://www.cnd.org/njmassacre/declaration.html

18. http://www.asianweek.com/2001_08_03/news_honda.html
19. http://www.newsmeat.com/fec/bystate_detail.php?st=CA&last=Chang&first=Jeffrey
20. http://www.pacificcounsel.com/html/attorney_jjc.htm
21. http://www.opensecrets.org/politicians/summary.asp?cid=N00012611&cycle=2006
22. http://www.iza.ne.jp/news/newsarticle/column/opinion/51721/
23. http://www.people.com.cn/GB/channel2/702/20000628/121073.html
24. http://www.kcna.co.jp/item2/2001/200106/news06/24.htm#8
25. http://www.president.go.kr/cwd/text/archive/archive_view.php?meta_id=news_data&id=6acb3bdd66377ef612a0529
26. http://english.chosun.com/w21data/html/news/200703/200703060010.html
27. http://www.time.com/time/world/article/0,8599,1597426,00.html
28. http://www.hani.co.kr/arti/culture/culture_general/195190.html
29. http://www.nautilus.org/~rmit/forum-reports/0706a-morris-suzuki.html
30. "Abe is adamant on sex slaves comment", Los Angeles Times, 2007.3.18, A12
31. http://www.washingtonpost.com/wp-dyn/content/article/2007/03/23/AR2007032301640.html
32. http://www.nytimes.com/2007/03/26/world/asia/26cnd-japan.html
33. http://tokyo.usembassy.gov/j/irc/ircj-select-security.html
34. http://japanfocus.org/data/CRS%20Comfort%20Women%203%20Apr%2007.pdf
35. http://www.kcna.co.jp/calendar/2006/12/12-19/2006-1218-005.html
36. http://www.faz.net/s/RubFC06D389EE76479E9E76425072B196C3/Doc~EE773DF6A8F2446F2BBB6CBA26E76816~ATpl~Ecommon~Scontent.html
37. http://www.fas.org/sgp/crs/row/RL33324.pdf
38. http://www.openets.com/document/RL33324/
39. http://www.faz.net/s/RubFC06D389EE76479E76425072B196C3/Doc~E56006D10772F4D07BA0EEFDB504250D5~ATpl~Ecommon~Scontent.html
40. Klaus W. Bender, "MONEYMAKERS: The Secret World of Banknote Printing", Weinheim, Wiley VCH Verlag GmbH & Co.KGaA, 2006
41. Klaus W. Bender, "GELDMACHER: Das Geheimste Gewerbe der Welt", Weinheim, Wiley-VCH Verlag Gmbh & Co.KGaA, 2004
42. http://news.bbc.co.uk/nol/shared/spl/hi/programmes/panorama/transcripts/superdollar.txt

제4장

1. Cristopher Andrew and Vasili Mitrokhin, "The World Was Going Our Way: The KGB and the Battle for the Third World (Newly Revealed Secrets from the Mitrokhin Archive)", New York, Basic Books, 2005
2. http://cryptome.org/fm30-31b/FM30-31B.htm

3. Richard H. Shultz & Roy Godson, "DEZINFORMATSIA: The Strategy of Soviet Disinformation", New York, Berkley Books, 1986
4. http://usinfo.state.gov/media/Archive/2006/Jan/20-127177.html
5. http://cryptome.org/cia-FM30-31B.htm
6. http://context.themoscowtimes.com/story/140175/
7. http://svr.gov.ru/smi/2005/tribuma20050324.htm
8. Edited and Introduced by Vasily Mitrokhin, "KGB LEXICON: The Soviet Intelligence Officer's Handbook", London, FRANK CASS & CO.LTD, 2002, p. 3
9. 예를 들면 미국에 의한 대일(對日) 공작 기록으로
http://www.state.gov/documents/organization/69042.pdf
10. http://www.wilsoncenter.org/index.cfm?topic_id=1409&fuseaction=va2.browse&sort=Collection&item=The%20Mitrokhin%20Archive
11. Japns Radvanyi, "Psychological Operations and Political Warfare in Long-term Strategic Planing", New York, Praeger Publishers, 1990
12. http://usinfo.state.gov/media/Archive/2005/Jan/14-777030.html
13. 예를 들면
http://www.news24.com/News24/World/News/0,,2-10-1462_1346560,00.html
http://www.expressindia.com/fullstroy.php?newsid=20498
http://www.informationclearinghouse.info/article2848.htm 등.
14. http://ecology.bnu.edu.cn/cgi-bin/ecology/topic.cgi?forum=7&topic=113&show=75

제5장

1. 히가시타니 사토루, "日本經濟新聞は信用できるか", PHP研究所, 2004년, 110, 111쪽
2. 예를 들면 U.S. CODE, TITLE 50, CHAPTER 15, SUBCHAPTER III, § 413b. "Presidential approval and reporting of covert actions"
3. Robert M. Gates, "The CIA and Foreign Policy", Foreign Affairs, Winter 1987/88
'국가 정보예산의 95% 이상은 정보의 수집과 분석에 충당되고 있다. 은밀한 액션에 종사하는 것은 CIA직원의 3%에 불과하다.'
4. Tom Mangold, "Cold Warrior. James Jesus Angleton: The CIA's Master Spy Hunter", New York, Touchstone, 1991, p. 63-70
5. 앵글턴이 파라노이아(편집증)에 빠졌다는 설은 조직 내 권력투쟁을 위해 코르피 국장(당시)이 꾸민 선전공작이라는 지적도 있다.
Bill Gertz, "Breakdown: The Failure of American Intelligence to Defeat Global Terror", New York, Plume, 2003, p.107, 108
이처럼 첩보에서는 기본적인 사실관계 자체를 쉽게 확정하지 못하는 경우가 많다.
6. 키무라 사토시, "自己・あいだ・時間-現象學的精神病理學", 치쿠마學藝文庫, 2006, 201쪽 등
7. 나카이 히사오, "分裂病と人類", 東京大學出版會, 1982
8. "거물 옴 신자가 민주당 하라 전 대표에게 '선전 전략'을 지도하고 있었다!", 光文社, 「FLASH」, 2006년3월21일 호
9. http://www.cia.gov/library/center-for-the-study-of-intelligence/kent-csi/docs/v02i2a07p_0001.htm
10. http://news.xinhuanet.com/mil/2004-06/22/content_1538780.htm

11. Dorothy E.Denning, "Information Warfare and Security", New York, ADDISON-WESLEY, 1999
12. http://www.cia.gov/library/center-for-the-study-of-intelligence/csi-publications/csi-studies/studies/vol51no1/the-intelligence-officers-bookshelf.html#dominic-streatfeild-brainwash-the
13. http://www.gilbo.ru/index.php?page=psy&art=1872
14. Clayton R. Koppes, Gregory D. Black, "Hollywood Goes to War: How Politics, Profits & Propaganda Shaped World War II Movies", New York, The Free Press, 1987, p.59
15. http://www.bbc.co.uk/films/2007/02/12/casablanca_2007_riview.shtml
16. http://archives.cnn.com/2001/US/11/11/rec.hollywood.terror/index.html
17. http://lastamurai.warnerbros.com/content/prod_notesData.php?c=5&p=
18. http://www.sydney.au.emb-japan.go.jp/CGACU.pdf 8, 9쪽
19. 오오다 마사히데, "沖縄戦下の米日心理作戦", 岩波書店, 2004년, 23쪽.
'무의미하게 싸움에 뛰어들어 죽는 것은 만용이며 살아야 할 가을에 살고 죽어야할 가을에 죽는 자야말로 진정한 용사이다. 미토 코몽 여러분! 지금은 살아야할 가을이 아니겠는가?' 라고 돼 있다. 한편 〈武士道〉는 '그런데 기코오 가라사대「싸움에 임하여 몸 버릴 것을 어려워하지 않고 예의 없고 교양이 없는 사람일지라도 이것을 잘 한다. 하지만 살아야 할 때 살고 죽어야 할 때 죽는 것은 진정한 용기이니라」라고 말했다' 고 기술하고 있다.
20. http://politics.guardian.co.uk/foi/story/0,,1569136,00.html
21. http://image.guardian.co.uk/sys-files/Observer/documents/2005/09/04/Confidential.pdf
22. http://hsgac.senate.gov/_files/050307Cilluffo.pdf 8, 9쪽
23. http://news.bbc.co.uk/2/hi/middle_east/5217484.stm
24. http://www.nytimes.com/2005/12/11/politics/11propaganda.html?pagewanted=print

제6장
1. http://usinfo.state.gov/media/Archive/2005/Jul/27-595713.html
2. http://www.au.af.mil/info-ops/iosphere/iosphere_fall05_cali.pdf 12쪽
3. http://usacac.army.mil/CAC/Staff/g7/InformationOperations-RohmMergingIOand%20PSYOP.pdf 6쪽
4. http://www.cia.gov/library/center-for-the-study-of-intelligence/csi-publications/books-and-monographs/psychology-of-intelligence-analysis/PsychofIntelNew.pdf
5. 이나미 리츠코 역, "三國志演義", 치쿠마文庫, 제7권 224쪽
6. http://culture.people.com.cn/GB/40479/40480/4413747.html
7. Frederic Wakeman Jr., "Spymaster: Dai Li and the Chinese Secret Service", Berkeley and Los Angeles, University of California Press, 2003, p.223
8. http://www.au.af.mil/au/awc/awcgate/navy/tr1076.pdf
9. 'BATTLESHIP' 게임을 모델로 한 'EVADE' 라는 시뮬레이션 프로그램 상에서 기만공작 패턴을 연구한다고 한다. 주8의 12쪽 등.
10. http://stinet.dtic.mil/oai/oai?verb=getRecord&metadataPrefix=html&identifier=ADA428173
11. Carol Tavris and Elliot Aronson, "Mistakes Were Made (but not by me)", Orlando, Harcourt, Inc., 2007

후기

1. 전전(戰前)에 내각정보부가 작성한 "사상전과 선전-사상전 강좌 제4집"(1940년)이라는 제목의 자료는 '선전이란 외부로부터 사회의식을 변화시키려고 하는 노력'(같은 책 15쪽)이며 '인간의 사상·감정을 변화시키는 점에서 말하면 사유(思惟)운동의 법칙 일부를 이루는 것'(같은 책 14쪽)이라고 해설하고 있다. 여기서 말하는 선전도 바로 인지조작이다. 같은 책을 보면 이미 당시부터 일본인은 선전전 자질이 결여돼 있다고 인식되었다는 것을 알 수 있다.

2. http://web.archive.org/web/20040408105734/www.aleph.to/message/2003/11/vt22.html 원래 기사는 삭제되어 있으나 웹 아카이브에서 열람 가능.

3. 오해와 혼란을 두려워하지 않고 말하자면, 자연과학을 스토리라고 파악하는 것과 같은 의미에서, 인지조작이라는 개념도 한 개의 스토리다. 그 스토리가 암암리에 전제로 하는 요소를 의식화해 둘 필요가 있다. 특히 첩보 관계자(연구자 등도 포함)는 종종 무자각적으로 '아(我)-적(敵)' 관계에 기초해, 모략의 도식(圖式)에서 세계를 재단(裁斷)하는 경향이 있다. 그것은 세계의 실상을 말하는 것 같으면서도 실은 자기 자신을 드러내고 있는 것이다.

4. 칸트, 시노다 히데오 역, "프롤레고메나(Prolegomena)", 岩波文庫, 18쪽

옮긴이 홍영의

일본 서적 번역 활동 및 한·일 출판 교류를 위해 노력하고 있다. 저작권 에이전시를 운영하고 있으며 후학 양성에 힘쓰고 있다. 번역서로 〈봄이여 오라〉〈실낙원〉〈마르크스의 산〉〈성경으로 배우는 유대인 비즈니스 교과서〉〈잡학〉 등 다수. 저서로는 〈바로바로 여행 일본어〉 등이 있다.

한반도 주변 심리첩보전

초판 1쇄 인쇄	2009년 7월 13일
초판 1쇄 발행	2009년 7월 20일
지은이	노다 히로나리
옮긴이	홍영의
발행인	김창기
편집·교정	홍성우
디자인	최희선
펴낸 곳	행복포럼
신고번호	제25100-2007-25호
주소	서울 광진구 구의3동 199-23 현대 13차 폴라트리움 215호
전화	02-2201-2350
팩스	02-2201-2326
메일	somt2401@naver.com
인쇄	평화당인쇄㈜

ISBN 978-89-959949-3-1 03340
값은 뒤표지에 있습니다.
잘못된 책은 바꾸어 드립니다.